Comunicação Empresarial de A a Z

Temas úteis para o cotidiano e o planejamento estratégico

FRANCISCO VIANA

Editor: Fabio Humberg
Assistente Editorial: Cristina Bragato
Capa: Fernando Reis
Projeto gráfico e diagramação: João Carlos Porto
Revisão: Fábio Zoppa

Dados Internacionais de Catalogação na Publicação (CIP)
(Câmara Brasileira do Livro, SP, Brasil)

Viana, Francisco
    Comunicação empresarial de A a Z : temas úteis
para o cotidiano e o planejamento estratégico /
Francisco Viana. — São Paulo : Editora CLA, 2004.
    1. Comunicação na administração 2. Comunicação
na empresa 3. Planejamento estratégico I. Título.

04-2594   CDD-658.45

Índices para catálogo sistemático:
1. Comunicação empresarial : Administração de
empresas   658.45

Todos os direitos para a língua portuguesa reservados
Editora CLA Cultural Ltda.
Rua Coronel Jaime Americano 30 – salas 12/13 – 05351-060 – São Paulo – SP
Tel/fax: (11) 3766-9015 – e-mail: editoracla@editoracla.com.br
www.editoracla.com.br

Impresso no Brasil – maio/2004

Sumário

Prefácio: David e Golias 7
Introdução: Os heróicos filhos de Hermes 11

Capítulo 1 – A Arte do *Media-Training* 19

O que é *media-training* 20
Preparando o executivo para lidar com a mídia 25
O choque entre o velho e o novo modelo 27
Rito de transição 27
A trama das palavras e dos fatos 28
Administração de crises 35
Casos especiais 38
A cultura da comunicação e o novo espírito do capitalismo 39
Um desafio que exige habilidade 41
Investir é preciso 44
Saudades de JK 46
Jogo pesado 49
O trunfo da aliança com a mídia 51
A estratégia de comunicar 53
A justiça é cega, mas não é muda 56
A lição do Exterminador do Futuro 57
O dia em que Cacciola fugiu 61
O valor da justiça 63
Voltaire em Santa Catarina 66

Capítulo 2 – O Impasse da Comunicação Pública 69

As mudanças precisam começar 70
Do fato e da imagem 72
A linguagem da contradição inútil 74
Um imperativo permanente 75
A roleta-russa da lei 78
Uma flor do Brasil real 81
Napoleão para marqueteiros 84

Capítulo 3 – O que é Crise de Comunicação 89

Crise de comunicação 90
A banda podre 93
Prevenir é melhor do que remediar 96
Perguntas e respostas 97
Lições do passado 100
A atualidade do efeito Pelé 102

Capítulo 4 – Da Agenda de Notas 105

Um vício que destrói 106
Arte e técnica da entrevista 108
Cartas: consistência, elegância e brevidade 111
Compromisso com a ética 112
Questões do dia-a-dia 115
Para além da imagem e do lucro 118
Um exemplo para pensar 119
O espírito de equipe 120
As dicas da Dad 120

Capítulo 5 – Dilemas e Trunfos do Porta-voz 123

Porta-vozes, verdades e mentiras 124
A força da imagem 126
A mágica e traiçoeira sedução das palavras 128
Empresários, beduínos e Maquiavel 129
Testemunha ocular 133
Lições da História 136

Capítulo 6 – Os Desafios da Mídia 139

A imprensa tem que dar lucro 140
A terceira face de Janus 141
Eles mudaram a imprensa 144
Entre a mídia especializada e a grande imprensa 148
Ao mestre com admiração 150
Maquiavel e a crise da mídia 152
O *show* não pode continuar 154
A imprensa em xeque 157
Jornalistas: a notícia em primeiro lugar 159

Entrevista com Miguel Jorge 163

Entrevista com Ney Figueiredo 167

Entrevista com Bob Fernandes 171

"Os poetas declamavam loas aos mais valorosos; porém aquele que em seus versos falta à verdade dos feitos é castigado, porque não admitem que a poesia tenha por que fingir embustes. E dizem que esta licença é a ruína do mundo, ao roubar seu prêmio à virtude para dá-lo, por medo ou adulação, a quem não o merece."

Tommaso Campanella, *A Cidade do Sol*

"Dar a palavra é a expressão existencial da democracia [...]. Dar a palavra pode significar dialogar, questionar, permitir tudo."

Edgar Morin, *X da Questão, o sujeito à flor da pele*

Dedicatória

A Mário Viana, amigo e mestre

Agradecimentos

A Ana Affonso

*A Maria Helena Zockun e Rose Amanthéa,
que leram e contribuíram para refinar os originais*

> David e Golias | 7

Prefácio

David e Golias

> *"Há tempo para pescar e tempo para secar as redes."*
> **Provérbio chinês**

> *"A mais mortífera das armas humanas é a linguagem. O homem é tão suscetível de ser hipnotizado por* slogans, *quanto é indefeso às doenças infecciosas."*
> **Arthur Koestler**

Um amigo chamado Francisco Viana. Um livro – Comunicação Empresarial de A a Z.

As grandes ondas da evolução da tecnologia eletrônica impulsionam a democratização da informação. A pergunta: como acompanhar o atual ciclo, cujas características são a fragmentação, a dispersão de públicos e, sobretudo, a abundância de informações?

A cada nova demanda de comunicação deparamos com um novo desafio: fazê-la suficientemente eficaz, motivadora e com conteúdo para que a empresa atinja seus efetivos propósitos estratégicos. Valorizá-la sem deixar flancos abertos para a polêmica vazia, o conflito que nada constrói. A comunicação que surge neste início de século é uma arena perigosa e fértil em promessas, que pode determinar, no espaço de um estalar de dedos, o êxito ou o fracasso.

Nas corporações, o tema **informar** *vem se revelando complexo, sensível e tão essencial quanto os fluxos financeiros, a evolução tecnológica e a visão do comportamento dos mercados. Na prática, é como se a informação fosse a faca que separa a corporação da sociedade e dos consumidores ou a corda que a entrelaça com a conquista de posições, a fidelização dos clientes, o lucro indispen-*

8 Comunicação Empresarial de A a Z

sável, enfim, o êxito.

A mídia faz e desfaz reputações. Com fundamento ou não, a informação jornalística pode provocar o desmoronamento de credibilidade reta, ou supostamente reta, rasgando o manto das aparências ou lançando suspeitas que causam danos como uma nuvem de gafanhotos. Os limites tênues da ética e da moral podem ser expostos, justa ou injustamente, sem a oportunidade da defesa, com julgamento sumário e a condenação instantânea da opinião pública. Como se defender ou mesmo contra-atacar num ambiente pontilhado por tantas incógnitas?

O livro Comunicação Empresarial de A a Z *traz muitas e atuais respostas a essa candente questão. Suas crônicas são didáticas e plenas de conhecimento prático, mas transpiram também conhecimento filosófico e político, que nos leva a refletir. Temas como democracia e liberdade, ética nos negócios e relacionamento com a mídia se aliam a ensinamentos técnicos que certamente irão entronizar o leitor em um labirinto das entrevistas, cultura de mídia, redação de textos, leituras e gestão de crises.*

Um ponto que merece especial atenção. O autor é incisivo: comunicação, mais do que técnica, é visão política. Os erros e acertos se transformam em problemas ou trunfos porque escapam do julgamento tradicional para suscitar julgamentos da sociedade. Fala-se muito de impunidade no País, mas, se visto pela ótica do julgamento da sociedade, todos aqueles envolvidos em escândalo padecem dos castigos do inferno de Dante. A imprensa, com sua onipresença, construiu uma espécie de tribunal paralelo no qual as penas de prisão ou as indenizações financeiras são substituídas pelo desprezo e a rejeição, muitas vezes de forma tão dura que faz lembrar a condenação ao ostracismo na Grécia Antiga.

Comunicação Empresarial de A a Z *está dividido em seis capítulos. Cada um deles traz à luz um conhecimento específico indispensável tanto para assessores de imprensa como para jornalistas, e também para executivos e empreendedores. O capítulo relacionado ao* media-training *merece atenção minuciosa. Trata-se do passo inicial para semear a cultura de mídia no mundo corporativo. Outro capítulo chamado* Da agenda de notas *apresenta dicas importantes que falam da arte da entrevista, do uso das palavras, do silêncio muitas vezes como fonte de poder.*

Diligente e crítico, o autor nutre-se do seu conhecimento jornalístico, do mundo empresarial e da natureza do Estado brasileiro para mostrar que de nada adianta uma boa comunicação se a realidade não corresponder aos fatos. Comunicação não é retórica, é fato. Fato que possa ser comprovado, avaliado, discutido. Daí ele insistir com freqüência que o comunicador e o advogado são muito parecidos: um defende o cliente perante a opinião pública; o outro, perante as leis. São trabalhos que muitas vezes se complementam e, em especial nas crises, não devem ser desenvolvidos em paralelo como se pertencessem a universos distintos.

Conheci Francisco Viana por indicação de dois destacados profissionais, Nereu Leme e Carlos Thompson. Era o início de 2002. Eu estava envolvido num embate que lembrava David contra Golias. Eu como empresário, no papel de David, a minha sócia americana, um gigante no seu setor, exibia a face ameaçadora de Golias. Viana logo se revelou, além de um estrategista sensível e preparado, um conselheiro de visão. Com ele, fui me envolvendo com um novo conceito de comunicação, que lembra um roteiro de cinema no qual, ao contrário de um livro, aquele que escreve prevê cada detalhe, cada passo, cada mensagem. Princípio, meio e fim, como os filmes clássicos. Nenhum excesso, nenhuma improvisação, nada feito ao acaso.

A comunicação empresarial sempre me fascinou. Acredito que não existem mais empresas no sentido tradicional; existem, sim, empresas de comunicação. Vou explicar. No passado, o grande Henry Ford se orgulhava em dizer que os consumidores podiam livremente escolher a cor dos seus carros, desde que fossem pretos. Ford foi um inovador: criou a linha de montagem, mas, se estivesse vivo e continuasse a repetir sua célebre frase, seria rapidamente banido do mercado. As lições da atualidade ensinam que a comunicação é a chave para que a empresa não fique vagando ao sabor das turbulências e possa entender a época e o meio ambiente em que vive.

A comunicação, contudo, transborda do universo das vendas de serviços e produtos. Ela está intimamente associada à imagem e à reputação das empresas. Pode ser o fator decisivo para que uma corporação evolua ou desapareça. Neste livro, é fácil constatar o quanto se pode ser direto, objetivo, estratégico e convincente sem que nada disso conflite com a ética, com o respeito – ambos indispensáveis em qualquer relacionamento –, sem perder a elegância, valorizando a razão e a realidade dos fatos.

É um trabalho que chega em um momento particularmente oportuno. O Brasil está imerso na discussão de grandes temas. Há uma reforma judiciária a ser feita, uma reforma tributária que não sai da ostra e um Estado quase pré-histórico, pesado demais, excessivamente custoso. E que caminha na contramão do que almeja a sociedade. No livro há uma radiografia de como é difícil a convivência livre e construtiva com o atual estado de coisas. Não se trata de uma denúncia ou mesmo de um julgamento. Um alerta.

Francisco Viana dispensa comentários elogiosos quanto à sua simpatia e sua presteza, qualidades apenas superadas pela sua expertise *em cuidar, com esmerado zelo, da ciência e arte da comunicação. Tê-lo conhecido, trabalhar com ele e apresentá-lo a amigos e companheiros são privilégios que cultivo com justificado orgulho. Com Viana aprendi que a Comunicação não é uma mercadoria, mas a contraparte do êxito dos negócios e dos relacionamentos. Esse é o princípio maior de um processo que vem evoluindo com a redemocratização e tende a não ter fim, porque é tão diversificado e fértil quanto a própria sociedade.*

O contato com a comunicação estratégica me fez acreditar que as crises, sejam elas econômicas, financeiras, políticas ou societárias das empresas, como é o meu caso, podem ser resolvidas com justiça e civilidade. A mensagem da comunicação é a mesma da sociedade democrática: os fatos podem ser distorcidos e deformados, mas a verdade no final acaba prevalecendo. E o que é a verdade? É o que somos. Nunca me esqueci de um quadro de Caravaggio onde David surge imponente exibindo a cabeça de Golias. Não que essa seja a minha ambição ou mesmo desejo; mas a conclusão que tiro da convivência com o meu amigo Viana na condução de uma crise societária de envergadura é uma só. E eu faço questão de repeti-la: o comunicador é o advogado da empresa perante a opinião pública. Eis a lição síntese de Comunicação Empresarial de A a Z. *Boa leitura!*

Paulo Bonadia

Presidente da STP do Brasil

Introdução

Os heróicos filhos de Hermes

"O tempo é tudo."
Dylan Thomas
"O mundo é feito de véus complexos."
Michel Serres

O tempo e os véus, complexos ou não, lembram a missão de Hermes, deus daqueles que movimentam a máquina da comunicação; e, como o mitológico filho de Zeus, são capazes de apontar rotas, marcar os limites dos percursos, cuidar dos segredos, chegar a toda parte do planeta para criar identidades e mediar conflitos. Como Hermes, são também os que, por natureza ou ideologia, por força das circunstâncias ou pelo tecido peculiar das suas personalidades, alimentam as fogueiras das intrigas, abraçam causas em defesa da humanidade ou dos negócios, servem ou criticam os poderosos, tecem o extenso fio das mudanças e modelam as identidades. Seduzem com a versatilidade da retórica, conquistam com a música da ação. Em síntese, são os eternos mensageiros entre os homens, comuns ou não, e o poder do Olimpo.

Se Hermes foi um herói do passado, pode-se dizer, sem medo de errar, que um dos seus filhos, o Assessor de Comunicação (ou de Imprensa), vamos chamá-lo assim, é um autêntico herói moderno. Hoje, é ele quem lança as pontes entre os muitos mundos do poder. Numa vertente, constrói pautas e abastece os jornais. Treina executivos, entroniza nas corporações a cultura de que a mídia não é inimiga nem aliada, mas, sim, exerce o papel de fiscal do poder e se posiciona, de forma legítima, como defensora da sociedade. Numa outra versão, que pode ser interligada à primeira, é ele quem elabora as feições e linguagem – porque tudo é

12 Comunicação Empresarial de A a Z

linguagem – dos que decidem e dão o tom da sensível teia de relacionamentos que transborda da sociedade, Estado e Mercado.

O assessor é um personagem diferente do jornalista de redação. Não é irreverente. Não se jacta da sua independência. Trabalha mais nos bastidores do que sob as luzes da ribalta. Busca a convergência, jamais o conflito. E, se atiça o conflito, o faz camufladamente, com notória sobriedade, sem se deixar tentar pelas névoas do espírito. Não sei se é um idealista ou não, se abraça ideologias radicais ou conservadoras, mas, salvo raras e inexpressivas exceções, professa o credo da liberdade. Porque sem liberdade a comunicação torna-se oca, encarcerada.

O que impressiona nesse ambiente de tantas sutilezas, de tempos que escapam à cronologia tradicional e tantos véus de complexidade, é que nas empresas onde floresce o trabalho do assessor de comunicação as portas se abrem para a mídia e assim permanecem. Feito isso, as desconfianças se atenuam, os preconceitos desabam e tendem a cair os muros que separam a empresa das comunidades. A empresa que vive crises de relacionamento e que não valoriza o trabalho do assessor de comunicação vive em profunda crise de identidade, no meio do caminho entre a obsolescência e a perda de posições para os concorrentes. No mundo moderno, tudo está reduzido à possibilidade ou impossibilidade de comunicação. É um erro pensar que a sociedade esquece e que a notícia envelhece logo depois de ser divulgada. A realidade revela que a notícia positiva pode durar pouco, mas a notícia negativa muitas vezes dura para sempre. É como os personagens bíblicos, que duravam séculos. Como uma muralha, se interpõe entre a produção e o lucro.

Fonte do espírito criador

O assessor de comunicação está para as empresas, governos e personalidades públicas como os repórteres estão para as notícias exclusivas. Se alguém tem um problema de imagem, uma crise que ameaça sua reputação, ou ambiciona, por exemplo, ocupar espaços na mídia, a primeira iniciativa é contratar um assessor de comunicação. É uma atitude sábia, mas que requer coerência de propósitos. O discurso vazio se esfuma por geração espontânea. A perda da objetividade e a falta de responsabilidade são geralmente punidas com severidade pela opinião pública.

Assessor de comunicação é uma profissão nobre. No Brasil, é uma profissão recente. Há assessores de todos os gêneros, experiências e posicionamentos. Há quem tenha vocação para o relacionamento, vocação

Os heróicos filhos de Hermes | 13

para a estratégia, vocação para o texto, vocação para o *business*, vocação para a articulação... Mas o traço em comum é a dedicação, o empenho, o entusiasmo e quase sempre a incompreensão dos assessorados. Levando-se em conta esses parâmetros, pode-se constatar que o assessor de qualidade é como o repórter que apura os fatos com rigor e distanciamento. Governos e empresas se empenham em controlar a comunicação, porque se supõem acima da sociedade. Um erro fatal esse de ambicionar ser uma figura tutelar ou guardião do bem e do mal. Jornalistas não são "mal-educados" ou "inconvenientes". São jornalistas. O assessor competente conhece as nuanças do trabalho da imprensa. Sabe que notícia não é ficção. Nem para a mídia nem para a corporação ou o Estado.

É comum o cliente nos dias atuais ambicionar mais e mais espaços numa mídia em crise, de espaços cada vez mais avaros. É comum também o cliente exigir que o assessor intervenha nas matérias, controle títulos, espaço, enfoques – o que é absolutamente impossível e tão distante da realidade quanto a face oculta da lua. Nada menos realista, nada mais perigoso. Nada mais improdutivo na sociedade da informação. O contraste entre a realidade e a idealização da mídia é próprio da natureza de transições democráticas como a brasileira. Perde-se a paciência com assessores e com a mídia porque se tem reservas de olhar a própria imagem no espelho.

Não se pode falar em natureza pessimista ou crítica da imprensa sem falar nas responsabilidades das corporações perante a lei e a cidadania. O encontro entre a natureza das críticas e a natureza dos fatos é que faz a liberdade vicejar e, com ela, o progresso intelectual e material das nações. Na Espanha e em Portugal dos anos da Inquisição, a arte pictórica conheceu o apogeu, embalada pelo mecenato do clero, mas os grandes pensadores, filósofos e inventores foram tão raros quanto as flores de asfalto. Foi o que determinou a estagnação da Península Ibérica. Na França, Alemanha e Inglaterra, aconteceu justamente o contrário. Onde a sombra da Inquisição não se fez presente, a sociedade se vestiu de progresso e produção de riquezas.

Refém do tempo

Há um lado da vida do assessor de imprensa (ou de comunicação, repito) que sugere reflexões. A ele falta sempre tempo. O acúmulo de atividades é terrível, com compromissos sem fim: reuniões, relatórios de ati-

14 Comunicação Empresarial de A a Z

vidades, o celular que não pára de tocar, os *press releases*, os contatos com as redações, um turbilhão de responsabilidades que se nutre do excesso de contas a atender. Como na comunicação empresarial não pode haver erros ou conflitos, atender a três ou quatro contas é mais complexo e tenso do que fazer duas ou três pautas numa redação.

Além disso, o assessor esbarra com o inimigo invisível da desatualização. Trabalha-se em excesso. Lê-se e estuda-se com escassez. Há algum tempo, num almoço, um famoso autor de *best-sellers* de auto-ajuda virou-se para um assessor de imprensa e disse: "Conquiste uma namorada. Vá ao cinema, coma um saco de pipocas." Falou com bom humor, mas estava irritado. O assessor – aqui no sentido genérico, homem ou mulher, porque o que importa é o *case* – não sabia nada. Não tinha visto nenhum dos filmes que o autor citara, assim como não conhecia nenhuma das peças em cartaz, nem costumava ler livros. Pior: desconhecia o trabalho do seu assessorado. Tudo que tinha lido era um *press release* feito pela editora.

Esse é o caminho mais curto para ser despejado do mercado. O assessor precisa ser como o bom jornalista: culto, informado, ter a marca do conhecimento. Por que, afinal, qual deveria ser a sua ambição maior? Ser uma versão moderna dos antigos conselheiros. Penso que as empresas de comunicação, independente do porte, deveriam promover palestras com filósofos, cientistas políticos, economistas, jornalistas; e mais, financiar estágios no exterior para as equipes de trabalho no sistema de rodízio.

Conceitualmente, uma empresa de assessoria de comunicação deve reunir três ingredientes básicos: *network*, conteúdo e qualidade do atendimento. Contudo, dois ingredientes adicionais são indispensáveis ao êxito: a administração do tempo e o conhecimento. As grandes empresas tendem sempre a valorizar assessorias com estruturas expressivas, mas a tendência é gradativamente ir ganhando espaços quem conte com consultores experientes e qualificados. As plumas vermelhas de quem tem estrutura mas carece de conteúdo serão degoladas pela necessidade de mensagens consistentes que circunda os novos tempos. Deveria ser o oposto. Empresas de comunicação precisam ser usinas de criatividade e de liberdade de ação. É preciso sair da rotina. Inovar. Romper paradigmas. Confrontar o moderno com o antigo. O tradicional com o moderno. Buscar a novidade.

Há situações em que o assessor se torna um escravo de ganho de novo tipo. A empresa estrutura uma rede de relacionamentos, massifica o atendimento e paga salários baixos à equipe. Massifica-se a produção, cria-se riqueza exclusivamente para o dono do negócio e o pessoal envolvido sobrevive fustigado sob áridos ventos de um trabalho sem amanhã. Para quem não recorda, o escravo de ganho do Brasil Colonial era aquele que trabalhava para o senhor – branco ou negro forro – entregando-lhe os rendimentos do ofício exercido.

Em tempo: se os jornalistas são freqüentemente injustiçados pela incompreensão do seu papel na sociedade, os assessores sofrem injustiças pelo desconhecimento das suas limitações. Um bom assessor é o espírito criador de uma empresa. Ele pode iluminá-la com a luz da sensibilidade, a visão política, o discernimento quanto às tendências sociais, rompendo a traiçoeira ortodoxia da busca sistemática do lucro financeiro que descarta o seu sentido mais amplo – o lucro social. Mas o assessor depende da "verdade" da corporação. Ele não é um mágico, nem um tutor da mídia. As intenções precisam coincidir com os fatos.

Xadrez e porcelana chinesa

Este livro é dedicado ao assessor de comunicação. Nele, homenageio um velho amigo e mestre, Mário Viana. Trabalhamos juntos lá se vão duas décadas. Trata-se de um artesão da assessoria, dos melhores que conheci e conheço. Às vezes, em meio às reuniões, paro e fico observando o trabalho de Mário, que, apesar do sobrenome comum, não é meu parente. Ele é um hábil jogador de xadrez. Posiciona as peças. Ocupa o centro do tabuleiro. Faz ações planejadas, com o movimento calculado de cada peça. Assim, envolve o cliente como se este fosse não um adversário do lado oposto do tabuleiro, mas uma porcelana chinesa, de refinada delicadeza. Faz com que o cliente seja transparente como um cristal. Denso como um diamante. Nada passa despercebido. Como é detalhista e não deixa espaço para trepidações ameaçadoras, exige que os profissionais da sua equipe se comportem como súditos fiéis. Rouba-lhes, no bom sentido, a alma, o oxigênio, arrebata-lhes as horas e os dias, sem deixar brechas para o marasmo ou a individualidade que ameace o conjunto, porque o cliente é o deus, e ele e o conjunto da equipe, os profetas.

Há um estilo muito especial, uma riqueza de arte que elabora o roteiro para o relacionamento, fazendo com que todos – cliente e jornalista – se entendam como se fossem um só. Observo e fico pensando que é como se Mário Viana resolvesse, na comunicação, o enigma da Fênix: o cliente, antes não lapidado, antes personalidade litigiosa, não iniciada no labirinto da mídia, renasce quantas vezes for necessário. Renasce sutilmente, sem alvoroço, mas cada vez melhor, cada vez com uma visão mais sólida da anatomia dos seus limites e possibilidades. Assim é que demarca as diferenças competitivas e reúne todas as qualidades do assessor num mesmo molde de trabalho.

É uma fusão do conceito americano de Relações Públicas com as peculiaridades da assessoria de comunicação no Brasil. Juntos, forma-se algo novo, profundo. Uma espécie de ciência que exige talento e vocação daqueles que a cercam. Nem todo assessor precisa ser como Mário. Assessores são como poetas, escritores, jornalistas, artesãos, dramaturgos. Cada um tem o seu estilo. Cada um é um universo múltiplo e infinito. Cada um ocupa o tabuleiro à sua maneira, e justamente essa pluralidade é que enriquece a profissão, a empresa, a comunicação. Recorro à imagem do xadrez porque fazer Comunicação é como escrever livros: ou se escreve como quem joga damas, algo mais simples, mais superficial, de conteúdo estratégico inexistente, ou se escreve como quem joga xadrez.

Nas palavras de Arthur Koestler, em *Jano*, uma obra imprescindível para a compreensão do comportamento humano:

> *"As regras do xadrez definem os momentos permitidos, a estratégia determina a escolha do movimento concreto. O problema do livre arbítrio resume-se, pois, na questão de como são feitas essas escolhas. A escolha do enxadrista pode ser chamada de "livre" no sentido de não ser determinada pelas regras. Mas, embora sua escolha seja livre no sentido acima, certamente não é casual. Pelo contrário, é guiada por considerações de maior complexidade – envolvendo um nível superior de hierarquia – que as simples regras do jogo."*

Quer dizer, o assessor será tanto melhor quanto melhor seguir as regras de conduta, a ética do trabalho e envolver o cliente em processos de comunicação que dêem vazão a todo o seu potencial criativo. A todas as demandas de um diálogo que associe a informação aos fatos e module com pinceladas de um Goya, de um Gauguin, de um Francis Bacon.

A morte de Pinóquio

Registre-se que a profissão é eminentemente democrática. Em países autoritários, não há lugar para comunicadores, mas apenas para papa-

Os heróicos filhos de Hermes 17

gaios da hora, como aquele trágico porta-voz de Saddam Hussein que a cada comunicado anunciava a derrota americana, quando estes faziam uma marcha rápida e inexorável sobre a indefesa Bagdá.

Registre-se mais. Pretendo chamar atenção para as duas grandes guerras que o moderno assessor de comunicação terá necessariamente de travar. A primeira é transitar de um velho modelo – às vezes manipulador, às vezes insensível à opinião pública, às vezes arrogante quanto à sua fragilidade, mas sempre inacessível – que projeta a sombra das práticas dos tempos do regime militar até os dias atuais, para o novo modelo. Um modelo aberto ao diálogo, que não teme o embate com a realidade.

E há ainda uma terceira guerra. Os honorários. Por ser um artesanato, a comunicação precisa ser remunerada na justa proporção da sua utilidade, dos seus resultados, das suas repercussões positivas. Comunicação não é varejo, como muitos imaginam. Custa caro. Exige investimento continuado e planejado. Os planos de comunicação deveriam começar pelo item investimento. Só assim é que se pode fazer um planejamento eficaz. O drama é que as empresas relegam a comunicação a plano secundário. Infelizmente, a avareza no investimento em comunicação tem se tornado um estilo existencial das corporações.

Neste livro, reúno uma série de crônicas escritas nos últimos três anos especialmente para a *Revista Imprensa*, dirigida pelo bravo Sinval Itacarambi Leão; mas existem também artigos publicados na *Gazeta Mercantil*, no caderno *Fim de Semana*, capitaneado pelo experiente Garibaldi Otávio; na revista *Justiça & Cidadania*, liderada por um advogado de talento, Tiago Salles; e na *Revista da CNI* – Confederação Nacional da Indústria, à época editada por Marcelo Tognozzi. As crônicas reúnem experiências colhidas no dia-a-dia, reflexões inspiradas no diálogo incessante, e construtivo, com o empresariado – não dedico qualquer apreço à palavra cliente, pois vejo o comunicador muito mais para o antigo conselheiro do que para quem vende um produto –, e idéias que se misturam com uma visão positiva da Comunicação, com suas vastas possibilidades de transformar o País.

Também são experiências herdadas de uma trajetória de mais de três décadas, pontilhada com a convivência de profissionais que fizeram diferença. Cada um deles deu uma contribuição expressiva. Com José Curvello, em *A Tarde*, aprendi o valor da verdade factual. Em *O Globo*, com Evandro Carlos de Andrade, entrou em cena o valor da exclusividade, do furo, do enfoque original. Com Mino Carta, primeiro na *Revista Senhor* e depois na *IstoÉ* e na *Carta Capital*, ao longo de mais de uma década, fui aprimorando o sentido do conteúdo crítico, do jornalismo de autor, da responsabilidade com a notícia e, sobretudo, o entrelaçamento do jornalismo com o poder. Na etapa da Comunicação Empresarial, que iniciei há uma década, convivi com personalidades marcantes: Carlos Thompson, Enio Campoi, Francisco Brandão, Maria Cecilia Stroka, Mario Ernesto Humberg, Marcos Trindade, Nereu Leme, Rômulo Nagib Lasmar, além do meu eterno mestre Ney Figueiredo, o comunicador que fala com os deuses.

Há ainda um registro especial destinado à personalidade criadora de Domingo Alzugaray, editor e diretor responsável da Editora Três – que edita as revista *IstoÉ* e *IstoÉ Dinheiro* –, que tem por hábito não demitir profissionais, valorizar as equipes de trabalho e suas lideranças e investir em trabalhos produzidos por jornalistas brasileiros, mantendo-se distante do material massificado, e geralmente sem conexões com o nosso leitor, produzido em série por agências internacionais. Domingo, poucos sabem, não demitiu um único jornalista nestes anos de crise da mídia. Numa época em que tudo é descartável, afirmou-se como um editor-empreendedor que trata o capital-trabalho como uma jóia.

Todos são exemplos a serem seguidos pelas atuais e futuras gerações. Na personalidade de Mário Viana, desejo homenageá-los. Sem eles, certamente este livro não existiria. Porque um livro é concebido no recolhimento intimista, na solidão essencial. Mas a sua matéria-prima é como um véu que vai se desfazendo e se recriando com novos e luminosos fios no decorrer do tempo e no convívio com aqueles que não têm temor de partilhar o conhecimento. Personalidades que, como Hermes, fazem brotar as flores eternas do que se vive, do que se aprende. De tudo de positivo que se possa deixar como herança para o futuro, que não é nada mais do que o hoje, o agora, a semente que faz brotar o amanhã.

Francisco Viana

Capítulo 1

A Arte do *Media-Training*

"Façam boas pessoas: o resto virá naturalmente."
Walt Whitman

O que é *media-training*

No âmbito das empresas, tudo no *media-training* converge para um ponto muito prático e definitivo: a comunicação bem feita é lucro que se realiza ou lucro que se deixa de realizar. É a fidelidade do cliente que se conquista ou a fidelidade perdida do cliente, que abraça outra marca. É a cidadania empresarial que se afirma ou a cidadania que fica à deriva e transforma-se em tema de crises nos jornais. Uma empresa consciente do valor da comunicação aproveita o máximo das suas possibilidades para projetar diferenciais competitivos.

Simples. As vendas de produtos e serviços dependem hoje mais da reputação do que da imagem. E os construtores de reputações são justamente os porta-vozes das empresas, aqueles que são preparados para se relacionar com a mídia e a sociedade. Não é por acaso que as empresas envolvidas com práticas anti-sociais são boicotadas pelos consumidores. E também que colossos como a Enron americana ruíram. É preciso repetir à exaustão: sem ética não há amanhã para as empresas.

Conceito que se renova

Na década de 90, a democratização brasileira mudou tudo. De alto a baixo. Os porta-vozes do tipo oficial, monótonos e repetitivos, não desapareceram, mas perderam força, e muita.

As fontes jornalísticas se ampliam a cada dia. Há poucos anos, bastava dialogar com os clientes, um ou outro órgão público e, certamente, se poderia controlar uma crise com facilidade. Hoje, não. As informações circulam com facilidade pelo Ministério Público, as associações comunitárias, as ONGs, as prefeituras, enfim, as fontes jornalísticas estão por toda parte. E se organizam também. Assim, o processo que privilegiava quase que exclusivamente as ferramentas de comunicação evoluiu para a visão política, consciente e renovada.

Comunicação Total: eis aqui a base filosófica que impulsiona as empresas que desejam ser vitoriosas no mercado e no posicionamento junto à sociedade. É um trabalho sem fim, a exigir investimento, tempo e harmonia entre a direção das empresas e seus profissionais especializados. Vale lembrar Maquiavel: "se o príncipe não acata as idéias dos seus conselheiros, não há como levá-las à prática". Na comunicação, talvez como em nenhuma outra área, essa é uma verdade absoluta.

Nesse contexto, o *media-training* passa a contribuir para envolver liderancas de todas as áreas da corporação num mesmo propósito de aprimorar posicionamentos e conteúdo de mensagens. Ao formar e atualizar porta-vozes, o treinamento tende a semear, sempre, resultados práticos e muito positivos.

Isto porque os acionistas, a despeito de serem os donos das empresas, precisam partilhar o poder com a sociedade. Caso contrário, irão conviver com crises sucessivas. Em vez de se unir à sociedade para formar uma só força, criarão hostilidades e rancores. Com isso, seus melhores planos de vendas e expansão estarão destinados a falhar.

Características do *media-training*

- **Presença na Mídia:** aprimorar o conhecimento relativo ao funcionamento das redações, ao trabalho dos jornalistas, das técnicas de comunicação e, em especial, sobre o impacto das notícias junto à opinião pública.
- **Relacionamento:** incentivar a permanente e saudável integração com os jornalistas para tornar visíveis as estratégias e o importante papel das empresas.
- **Reputação:** reforçar a visão positiva da corporação através de informações construtivas.
- **Gestão de Crise:** incentivar a prevenção de momentos de dificuldades e contribuir para a gestão de problemas junto à opinião pública, que escapem ao controle da empresa.

Em outras palavras, as vantagens do *media-training* podem ser assim sintetizadas:

- Evitar os erros e equívocos que ocorrem com freqüência no relacionamento com a mídia.
- Planejar entrevistas, realizar a preparação prévia de perguntas e respostas, avaliar a conjuntura e o contexto político.
- Melhorar a performance de porta-vozes a partir de exercícios simples e práticos.
- Selecionar mensagens que informem e formem a opinião pública, com reflexos saudáveis na política de relacionamento com a mídia e o mercado.
- Elevar a percepção para a criação de pautas.

Em todas as ocasiões, a proposta essencial é construir e aprimorar permanentemente a cultura da comunicação.

Cuidados essenciais

Em um dia de verão muito quente, participei no Rio de Janeiro de um *media-training* para uma empresa que tinha acabado de abrir seu capital, mas não conseguia entender uma necessidade inescapável: prestar contas aos investidores. Resistência, é claro, justificada por inesgotáveis argumentações. Como a mídia vinha exigindo explicações, depois de amplo noticiário positivo, a saída foi organizar um *media-training*. Pura perda de dinheiro e tempo. Foi um evento espetáculo, tendo como estrela uma conhecida jornalista de televisão.

Ela fez um trabalho competente. Competentíssimo, melhor dizendo. Ensinou aos participantes como se vestir, como falar diante das câmaras, como enfrentar repórteres excessivamente questionadores, como se portar num estúdio ou numa entrevista ao vivo. O que conseguiu, porém, foi exorcizar a absoluta insensibilidade dos participantes para o conteúdo político e legal do relacionamento com o mercado de capitais.

Resultado: a empresa continuou exigindo da mídia que compreendesse o incompreensível. A crise que se seguiu foi inevitável. Eis o primeiro cuidado: evitar o banho de luz. No jargão jornalístico, quer dizer um *media-training* com muito brilho e vantagem prática nenhuma.

Ao organizar um *media-training*, pense substantivamente nas demandas da empresa e nos objetivos a serem alcançados. Estrelas da televisão, principalmente, custam caro e nem sempre correspondem às expectativas. São tratadas mais como artistas, e se comportam como tal, do que como jornalistas. Raras são aquelas que organizam uma palestra com princípio, meio e fim. Como no *Banquete*, de Sócrates, é preciso afastar-se da embriaguez do canto feiticeiro das cigarras e curvar-se à realidade. O *media-training* não é apenas uma forma de profissionalizar o contato com a mídia e a sociedade, mas parte indissociável das estratégias das empresas.

Um lembrete útil: não contrate um jornalista importante para treinar executivos pensando em tirar partido do relacionamento para divulgar futuras pautas. Nunca esqueci um assessor de imprensa que lamentava ter contratado um jornalista conhecido para fazer palestras na sua empresa e, depois, o diálogo entre ambos se tornou inexistente. Ético, o jornalista tratou de mantê-lo à distância, sem se deixar manipular.

Um segundo lembrete útil: nunca exponha os participantes do treinamento ao ridículo ou situações constrangedoras. Os entrevistadores dos exercícios práticos devem ser firmes, mas não agressivos. Devem ser didáticos, nunca caóticos. Ao contrário de um jovem personagem da *República*, de Platão, devem mostrar que o caminho a seguir não diz respeito às aparências e às belas palavras que seduzem e enganam, mas aos fundamentos sagrados dos fatos.

Essas exigências devem ser apresentadas de forma cristalina aos palestrantes e responsáveis pelo treinamento. Assim, serão evitadas falhas, muitas vezes irreparáveis. Igualmente, avançando-se na formação de uma equipe integrada de *media-training*.

Finalmente, dois cuidados que parecem óbvios, mas geralmente são esquecidos. O primeiro é a organização das pautas para os treinamentos. Devem ser pautas inspiradas em situações reais, vividas pelas empresas. Nunca pautas feitas ao acaso, elaboradas gratuitamente sem o indispensável conhecimento dos desafios e impasses da empresa.

O cuidado complementar é o controle do tempo. O *media-training* deve começar e terminar no horário combinado. Seja qual for o público, é recomendável distribuir uma apostila com o tema das palestras. Igualmente, é fundamental a avaliação dos participantes e vice-versa. Cada *media-training* é um aprendizado individual e coletivo.

Detalhe: faça sempre o *media-training* sob medida para as corporações (e o poder público). Nunca recorra a treinamentos do tipo *commodity*. Ao realizar um *media-training*, a assessoria de comunicação alcança o universo inteiro da empresa. Os participantes são multiplicadores. Os erros e acertos são compartilhados por todos.

É extraordinário como um *media-training* de qualidade motiva reações positivas. A sensação que fica é de que basta um único golpe para se transitar de um modelo fechado de comunicação para um modelo aberto e democrático. Na realidade, não é bem assim, mas é o sentimento que predomina.

As versões do *media-training*

Oficialmente, o *media-training* se movimenta em três módulos:

1. **Módulo de meio-dia.** Com palestra de duas horas, consiste em apresentação sobre o funcionamento da mídia (impressa e eletrônica), planejamento estratégico de comunicação, o papel do porta-voz e as técnicas de entrevista.

Quais assuntos não podem ser esquecidos no *media-training*?

- Lembre-se: o corpo inteiro fala.
- Lembre-se: uma entrevista começa quando se pergunta: qual é o assunto? Mas a entrevista não é como o roteiro de um filme que tem início, meio e fim definidos. A entrevista surpreende. Ela é muitas vezes feita da argamassa da contradição dos fatos.
- Lembre-se: a notícia é sempre um fato relevante. A mesmice não é notícia. Uma notícia pode ser muito importante para uma empresa, mas não ter qualquer valor para o jornalista. Principalmente, se for marketing disfarçado de informação. Publicidade disfarçada de informação. Recentemente, conheci um empresário que queria sair todos os dias na mídia. Era a forma de alavancar clientes. Vivia muito irritado. Motivo: a mídia não queria saber dele. Jornalistas não são tolos. Sabem quem manipula e quem não manipula. Uma exposição controlada e planejada na mídia é essencial.
- Metáforas muitas vezes complicam mais do que facilitam a vida do executivo durante uma entrevista. Precisam ser elaboradas. Refletidas, pensadas. Há dois tipos de metáforas: as didáticas e as metáforas patéticas. Fuja das últimas.
- As pessoas falam demais. Quem fala demais, desinforma.
- Se o entrevistado tem medo de falar em público, precisa aprender a deixar a timidez de lado.
- Um porta-voz precisa inspirar confiança e credibilidade. Não deve criticar em público a empresa onde trabalha.
- Se tiver más notícias para divulgar, procure também destacar uma boa notícia.
- O público exige conteúdo. O porta-voz deve treinar e organizar um questionário com possíveis perguntas e respostas antes das entrevistas.
- Faça um inventário do que se chama de "saia justa" ou "casca de banana" nas entrevistas.

2. **Módulo de um dia**. Com seis horas de duração, consiste em palestras sobre o funcionamento da mídia (impressa e eletrônica), planejamento estratégico de comunicação, o papel do porta-voz, além de exercícios práticos.

3. **Módulo de dois dias**. Com 12 horas de duração, aprofunda os temas ligados ao funcionamento da mídia, planejamento estratégico de comunicação, o papel do porta-voz e, em especial, os exercícios práticos.

Na prática, as oportunidades são infinitas. A empresa pode, por exemplo, organizar um *media-training* de 40 horas, com a finalidade de disseminar um conhecimento mais aprofundado sobre o relacionamento com a mídia. Pode fazer um *media-training* com foco específico, com temas como redação, pautas, entrevistas. Pode fazer um *media-training* específico para entrevistas importantes.

Enfim, se a alta administração assume a responsabilidade de dar forma à cultura de comunicação, o *media-training* torna-se indispensável, nas suas diferentes versões, porque incentiva lideranças e passa a ser um fator relevante de coesão de mensagens, tanto para o público interno como para o externo.

Preparando o executivo para lidar com a mídia

- Recomende a leitura de bons livros. Ler *Henrique V*, de Shakespeare, é vital. Aprende-se muitos dos segredos da liderança. Recomende bons filmes que tratem de jornalismo.
- Ensine como elaborar um plano estratégico de comunicação.
- Fale das palavras. Elas repercutem, trazem conseqüências. É preciso aprender isso.
- Explique a importância dos públicos-alvo, do conhecimento do perfil de jornais, jornalistas e programas de rádio e televisão.
- Explique que os artigos são dirigidos a públicos que discordam de determinadas idéias. E que eles precisam ser elegantes, ter impacto, conteúdo. Mas que mesmo assim não são fáceis de serem publicados na mídia. Os critérios de seleção são rígidos. Há jornais que recebem mais de 50 artigos por dia. A seleção começa pelo número de toques. Se ultrapassam o limite estabelecido pelo editor de Opinião, não chegam sequer a ser lidos.
- Lembre que o silêncio muitas vezes é indispensável. Evita polêmicas absurdas e desgastes de imagem.
- Assinale que a comunicação de qualidade prepondera sobre a comunicação que prima pela quantidade, fator de desgaste e de desconfiança na mídia.
- Recomende que se trate bem os "focas" (jornalistas iniciantes) e aqueles que caem de pára-quedas nos temas, mesmo os mais complexos.
- Seja eticamente intransigente quando falar de assuntos pesados como "plantar" notícias ou ceder a chantagens (sim, existem jornalistas que fazem chantagens; são exceção, mas existem).

Comunicação Empresarial de A a Z

E dê dicas sobre práticas do cotidiano, como:

- Selecionar temas para falar em *off*.
- Não dar entrevistas por telefone sobre assuntos complexos.
- Atender prontamente aos jornalistas que ligam no horário de fechamento.
- Ter dados atualizados da empresa sempre ao alcance das mãos.
- Não falar mal dos concorrentes.
- Não tentar enganar os jornalistas.
- Ser ético.

Seja didático ao falar do relacionamento das assessorias de comunicação com as empresas. Diga que é ficção:

- Garantir ou impedir a publicação de matérias.
- Influir em textos e títulos.
- Tirar notícias negativas da pauta das redações.
- Obstruir a apuração de matérias.
- Conquistar resultados imediatos em trabalhos de comunicação.
- Levar à prática planos de comunicação sem que a empresa se decida a investir.
- Obter grandes espaços na mídia, permanentemente.

Explique mais. Que a responsabilidade da assessoria de comunicação é:

- Criar pautas positivas.
- Orientar entrevistas.
- Dar conteúdo e consistência às idéias.

E recomende: treine sempre. Nunca tenha a ilusão de que é um mestre na arte e na técnica de lidar com a imprensa. Mesmo as empresas e executivos mais experientes falham.

Mais um lembrete: escolha um hotel com auditório amplo e bem equipado. Se a empresa dispuser de instalações confortáveis para treinamento, use-as. Desde que os participantes se mantenham distantes das suas tarefas habituais.

O choque entre o velho e o novo modelo

Fazer comunicação empresarial de qualidade é sinônimo de aproveitar ao máximo o potencial dos veículos de informação. Se não se desenvolve a capacidade de ver a mídia positivamente, como um canal de utilidade pública, a comunicação só terá valor episódico e estará atrelada a um modelo arcaico que perdeu força e influência.

Características do velho modelo

- *Low-profile.*
- Acesso ao governo em lugar de comunicação.
- Jornalista como inimigo ou amigo.
- Aliança com os proprietários de jornais e veículos de comunicação.
- Indiferença em relação à opinião pública
- Comunicação como ferramenta acessória, reservada.

Características do novo modelo

- Portas Abertas.
- Porta-vozes profissionalizados.
- Envolvimento da alta direção.
- Respeito à opinião pública.
- Identificação de interlocutores-chave.
- Comunicação continuada.
- Convergência em lugar do conflito.
- Compromisso ético.
- Multimídia atualizada.

Como transitar do velho para o novo modelo

- Criar a Cultura da Comunicação.
- Construir e consolidar o relacionamento com a mídia.
- Construir imagem e reputação positiva.
- Definição de estratégia.
- Definição de estrutura.
- Definição de operação e investimento.
- Programa de treinamento.

Rito de transição

Quem deve fazer *media-training*? É muito comum ouvir executivos afirmarem que não precisam aprender a se relacionar com a mídia. O argumento: sabem o suficiente. Conhecem os jornalistas, conhecem os jornais. Esses são os que mais precisam do *media-training*. São excessivamente autoconfiantes. E isto não é bom. Três conselhos devem ser dados a eles. Humildade, evidentemente, é o primeiro. Segundo: o rigor no preparo das entrevistas. Terceiro, e talvez o mais importante, é que entendam que a Verdade – o conceito surgiu no século V, em Atenas, e se por um lado significa desvendamento e esclarecimento, de outro quer dizer duplicidade, multiplicidade – é relativa. Como porta-vozes, eles têm uma verdade, como o jornalista, o seu entrevistador certamente tem uma outra forma de ver as coisas. O importante é que se tente aproximar as verdades antagônicas. Com fatos.

Outro conselho: os assessores de imprensa devem fazer *media-training*. Sobretudo, se não passaram por redações. Não creio que, necessariamente, um assessor precise ter experiência em redações. Mais uma coisa é certa: quem trabalha com a mídia precisa saber como a mídia funciona. O *media-training* é uma excelente oportunidade de atualização.

A recíproca também é verdadeira: o jornalista recém-saído de uma redação tem muita dificuldade de adaptação ao trabalho da assessoria. Ele se sente tolhido nos movimentos, inadaptado, vive em conflito. Como jornalista, era o personagem da ribalta. Como assessor, está condenado a atuar nos bastidores, com absoluta discrição.

Não é fácil. Demora até que se descubra o *glamour* da assessoria. A emoção de criar pautas e transformá-las em notícia e o poder de influência nas corporações. É uma transição em muitos atos e muitas dores. Além de ser uma transição que exige muita paciência e sangue frio. Por mais experiente que seja o comunicador, ele sempre depende do que a mídia vai publicar. Pior, seus chefes estão sempre insatisfeitos.

A trama das palavras e dos fatos

"A imprensa quer deixar a gente inquieto e infeliz."
João Cabral de Melo Neto

A comunicação é como a trama de um tecido, em que cada fio tem o seu lugar e vão se unindo até formar um todo interdependente. A primeira

A Arte do *Media-Training* | 29

função da comunicação, por paradoxal que possa parecer, não é o relacionamento com a mídia, mas apontar o rumo para o qual, cedo ou tarde, as ações irão convergir. Antes de comunicar, é preciso ter o que comunicar e dispor de uma estratégia de ação. É a dinâmica do mundo atual que impõe tal realidade.

No Brasil, a cultura de comunicação vem ganhando força. Mais do que o quarto poder, a mídia é o próprio poder. Mais do que o espelho da opinião pública, é um emblema maior da liberdade de exercício da cidadania. Funciona como uma espécie de mediador de tensões e conflitos. Portanto, entender de mídia não é um luxo, nem uma sofisticação. É uma necessidade.

Quem entende das suas entranhas, personalidade, valores, ambigüidades e ritmo de produção, certamente amplia sua capacidade de influenciar decisões na sociedade. Isto porque a mídia está no centro de tudo.

No entanto, porta-vozes de corporações e do poder público muitas vezes invertem os sinais da comunicação e constroem polêmicas que poderiam perfeitamente ser evitadas se houvesse compreensão da forma singular como funciona a mídia. Ou melhor, polêmicas poderiam ser colocadas no caminho certo expondo de forma substantiva posicionamentos legítimos ou, no mínimo, indispensáveis ao saudável debate democrático.

O desafio é aceitar que comunicação é política. E, por ser um ato político, exige visão estratégica.

É impossível dissociar uma face da outra. Ambas estão intimamente interligadas. Quando a cultura de comunicação é sólida, torna-se mais fácil fazer a sensibilidade da razão preponderar sobre as naturais emoções da adversidade. Quando a cultura de comunicação é embrionária, a falta de conhecimento técnico muitas vezes embaça a sensibilidade política. E é exatamente aí que mora o perigo. Não no relacionamento com a mídia. Mas no relacionamento com a sociedade, que é a razão de existir da imprensa.

Passo renovador
Rui Barbosa foi jornalista. Sua vida nesse campo foi tão notável quanto a sua vida como jurista, advogado e homem público. Dizia que "de todas as liberdades, é a de imprensa a mais necessária e a mais conspícua: sobranceia e reina entre as mais. Cabe-lhe, pela sua natureza, a dignidade inestimável de representar todas as outras". Sendo assim, nada mais

30 | Comunicação Empresarial de A a Z

natural do que compreender e absorver a cultura da mídia para, por esse caminho, lançar pontes construtivas na direção da sociedade.

Aqueles que agem assim tendem a favorecer, sempre, resultados práticos e muito positivos. Ainda existe muita incompreensão quanto ao trabalho de comunicação nas corporações, no poder público e nas entidades de classe. Por alguma razão inexplicável, imagina-se que é um trabalho fácil, capaz de ser feito sem planejamento e com a rapidez de um relâmpago.

Errado. Feita nessas condições, a comunicação não passará de um exercício extenuante – um simulacro de conteúdo, de consistência, de sabedoria. Se bem entendido, o *media-training* será sempre um passo renovador. Não apenas no relacionamento com a mídia, mas no relacionamento com a sociedade, o relacionamento maior, onde se encontra a verdadeira fonte da democracia e das liberdades.

Por isso, o *media-training* está se tornando uma prática muito comum, sinônimo de cultura da comunicação. É um caminho seguro para atualizar permanentemente a compreensão que os formadores de opinião, em diferentes categorias, precisam ter com relação à mídia.

Comunicação funciona como uma diretoria de marketing, de recursos humanos ou financeira. É permanente. Não se pode ter a comunicação por um período, sobretudo quando se entende que ela é política e faz parte das estratégias do negócio.

Comunicação é para sempre.

Entre o vazio e a realidade

Relacionamento é uma palavra-chave na cultura de mídia. Mas não pode ser tratada apenas como uma palavra, um conjunto de sons, um conjunto de letras exilado em alguma página de um plano estratégico de comunicação. Vista dessa forma, a palavra *Relacionamento* é só uma bolha brotando dos pulmões. Porque em cada momento da vida da empresa é tratada de uma forma. Se há boas notícias, a assessoria corre para chamar os jornalistas na expectativa de divulgá-las e fica surpresa quando descobre que não desperta interesse.

Se as notícias são ruins ou configuram uma crise, a responsabilidade pelos problemas é transferida para "os cretinos dos jornalistas", que só vêem o negativo e ampliam a dimensão dos fatos. Jornalistas não trabalham com ficção. E quando misturam ficção com realidade são duramente punidos. Ou pelas próprias redações ou pelos leitores, que simplesmente passam a ignorá-los.

O que dá consistência à palavra relacionamento é o vínculo com a realidade.

Jornalista: aliado ou inimigo?

É muito comum num *media-training* surgirem perguntas como estas:

— Por que os jornalistas mentem tanto?
— Eu devo ter medo do jornalista?
— Por que eu não posso ler a minha entrevista antes de ser publicada?

Ou afirmações assim:

— Não posso admitir que o jornalista tenha tamanha responsabilidade e entenda tão pouco dos assuntos que divulga.
— Eu tenho pânico de jornalistas. Eles estão sempre procurando o lado negro das coisas.
— Onde a imprensa entra por uma porta a verdade sai pela outra.

Quer dizer, o jornalista é o inimigo. Esse é o problema. Tudo se restringe a ver o jornalista como um personagem que deveria ser cúmplice, mas não é.

Convém contar uma história. Um grupo de executivos de uma construtora preparou um dossiê com erros de uma concorrente que ganhou uma licitação pública no valor de algumas centenas de milhões de dólares. Convidou um jornalista de um veículo influente e passou as informações. A cada frase positiva do jornalista, os executivos vibravam. Estavam falando em *off*, mas possuíam excelente fundamentação, toda ela baseada em perícia judicial.

A leitura do dossiê se prolongou por mais de uma hora. Ao final, o jornalista olhou calmamente para seus interlocutores e disse: "O material é muito bom. Vou apurar e confirmar as informações. Mas queria chamar a atenção para um detalhe: eu faria o mesmo se o dossiê fosse entregue pelos seus concorrentes. Para mim, o que importa é a notícia."

Quando a reportagem saiu, mostrava os dois lados do impasse. As denúncias contidas no dossiê e a defesa da empresa concorrente. Claro, os executivos que ambicionavam trucidar o concorrente não ficaram felizes. Por quê? O jornalista ouviu todas as partes e deixou a conclusão para o leitor. Qual? O resultado da concorrência era, no mínimo, questionável.

Quem tem cultura de mídia sabe valorizar trunfos como esses. Porque ninguém pode manter sob controle uma notícia. O êxito de um trabalho de comunicação vai sempre depender do poder dos fatos, em diversos níveis: o poder do interesse da sociedade sobre o poder do interesse de uma empresa, o poder de um indivíduo ou de um líder comunitário, o poder da justiça e, assim, sucessivamente.

Cada um tem a sua verdade. Mas nenhuma prepondera sobre a verdade dos fatos. Os fatos são o grande incômodo da comunicação empresarial. As empresas sempre têm bons argumentos, mas a forma com que tratam as realidades adversas é sempre inconveniente, uma fonte maldita de sabotagens. Daí o temor ao jornalista. Que não é nem um inimigo nem um aliado e, sim, um profissional fazendo o seu trabalho.

Pecados capitais

Um silêncio pesado percorre a platéia. Ninguém jamais ouvira falar de que as empresas erram na comunicação, e não erram pouco. Todos eles estão ali porque as corporações onde trabalham constataram que não podem prosperar sem se comunicar. A concorrência é intensa. Quem consegue se fazer visível naturalmente ganha pontos na preferência do consumidor. Quem não consegue, perde posições.

Pouco antes, um executivo de gestos elegantes contou uma história curiosa. Deu entrevista a um jornal de economia relatando que ultrapassara o seu principal concorrente. Como ambas as corporações são líderes de mercado, a notícia saiu na primeira página. O executivo estava feliz, comemorando com a equipe de trabalho, quando o presidente da empresa ligou e, aos gritos, o chamou de irresponsável. Irresponsável?

Ele não entendeu nada. Até que o presidente pôs as cartas na mesa: o concorrente era também um dos principais clientes da empresa na compra de determinados produtos. Ele informou corretamente o jornal, mas não atentou para um aspecto essencial: o contexto da notícia no âmbito da sua própria empresa.

O *case* trouxe à luz a complexidade do processo de comunicação. Executivos bastante inteligentes e muito comunicativos podem falhar por falta de visão política. Muitos falam demais de si mesmos. Muitos não conseguem deixar de criticar seus chefes. Há aqueles que são muito egocêntricos. Há aqueles que são muito arrogantes. Há os que são muito sensíveis e se irritam com a pressão dos jornalistas. Tudo errado.

O desafio de rever posições explica o véu de espesso silêncio. Um dos participantes do *media-training* sorri por cima de um copo de água gelada e toma notas incessantemente. Ao seu lado, alguém decide falar: "Então, eu não devo mentir?".

Nunca. Em circunstância alguma. Num certo sentido, o jornalista é como um beduíno. Se o beduíno sempre vai encontrar a água, o jornalista sempre vai encontrar a verdade dos fatos, por mais inacessível que ela esteja. Mas a mentira é apenas um dos pecados capitais da comunicação. Talvez, o mais fácil de lidar. Porque é o mais rudimentar.

Outros pecados capitais podem ser enumerados no *media-training*:

Ignorar fatos: Em palestra no 18º Congresso Brasileiro de Magistrados, em outubro de 2003 na Bahia, disse o publicitário Duda Mendonça: "A imagem da venda nos olhos da Justiça é muito bonita. O fato de a Justiça ser cega não significa que ela precisa ser muda." O alerta é exemplar pelo que contém de oportuno e significativo para o aprimoramento do Poder Judiciário. Não, não estou me referindo à imagem, mas a um desafio mais amplo. É um paradoxo que a Reforma do Judiciário não esteja em pauta e, também, que existam tantas e tão ásperas críticas a um poder que é o pilar central da sociedade moderna. Na verdade, o Poder Judiciário se atrasou em relação aos demais poderes no que se relaciona à Comunicação. Tornou-se excessivamente hermético. Sente-se ameaçado quando criticado. Tem dificuldade de aceitar que a história se move e que a democracia é feita de equilíbrios dinâmicos. O mundo em que vivemos é como um veículo de duas rodas que garante sua estabilidade pela capacidade de estar em movimento.

Falsificar os fatos: o segredo é mostrar *cases* concretos aos participantes do *media-training*. Convencê-los a partir dos fatos, não das suas versões.

Dar emoção aos fatos: os executivos gritam, inclusive xingam, quando uma notícia contraria seus interesses. Nesses momentos, é muito comum que diretores e assessores se aliem no coro de queixas. Mantenha prudente distância e equilíbrio.

Superdimensionar os fatos: acontece com freqüência quando a corporação quer divulgar acontecimentos do seu interesse.

34 | Comunicação Empresarial de A a Z

Manipular os fatos: a manipulação acontece de formas sutis. Derrubam ações na bolsa, depreciam preços de produtos e ativos de empresas concorrentes. É um mal desnecessário. Acaba sempre se voltando contra o manipulador.

Brigar com os fatos: na comunicação pública tal prática é muito comum. Cada vez que se faz um treinamento que envolve administradores de alguma esfera do governo, há três conflitos para pensar:

- **A excessiva ideologização.** É fácil explicar que o jornalismo é uma profissão em crise pelas dificuldades financeiras das empresas de comunicação, pelas práticas de misturar notícia com entretenimento, pelo compromisso com a busca de audiências cada vez mais fragmentadas. Mas é difícil convencer que, como disse Mark Twain, "políticos que se queixam da imprensa são como comandantes de navio que se queixam do mar". A imprensa existe para fiscalizar e criticar o poder. Além de constituir um indispensável instrumento para a transparência administrativa, a comunicação pública deve ser norteada pela visão de equilibrar a racionalidade das normas burocráticas com o funcionamento igualitário do exercício do poder.
- **Complexo de inferioridade:** teme-se admitir erros e em momentos de crise os porta-vozes sempre se sentem pouco à vontade. As tentativas de superar esses obstáculos devem ser feitas com precisão e cautela. Precisão para mostrar o quanto é nociva a herança autoritária das práticas públicas de comunicação que, com freqüência, se inclina a proibir o legítimo direito da sociedade à crítica. Cautela, para não travar embates inócuos com radicais, à esquerda e à direita, que se fixam em detalhes às vezes até relevantes, mas que desejam inibir os demais participantes do treinamento.
- **Arrogância:** herança colonial, a idéia-chave é que o cidadão nunca tem razão e que a coisa pública é mais um favor do que um direito. Em *Raízes do Brasil*, Sérgio Buarque de Holanda assinala:

> *"No Brasil onde imperou, desde tempos remotos, o tipo primitivo da família patriarcal, o desenvolvimento da urbanização – que não resulta unicamente do crescimento de cidades, mas também do crescimento dos meios de comunicação, atraindo vastas áreas rurais para a esfera de influência das cidades – ia acarretar desequilíbrio social, cujos efeitos permanecem vivos ainda hoje. Não era fácil aos detentores das posições políticas de responsabilidade, formados por tal ambiente, compreenderem a*

distinção fundamental entre domínios do privado e do público. Assim, eles se caracterizam justamente pelo que separa o funcionário 'patrimonial' do puro burocrata conforme a definição de Max Weber. Para o funcionário 'patrimonial', a própria gestão política apresenta-se como assunto de seu interesse particular; as funções, os empregos e os benefícios que deles aufere relacionam-se a direitos pessoais do funcionário e não a interesses objetivos, como sucede no verdadeiro Estado burocrático."

Administração de crises

"Boa notícia não é notícia nenhuma."
Billy Wilder, A Montanha dos Sete Abutres

Tudo se interliga num *media-training*. Essa a razão por que o tema da administração de crises precisa ser introduzido e aprofundado. Quem participa de um *media-training* precisa saber:

- As crises começam muito antes de se transformarem em crises. Para dissipar dúvidas, basta ler *Antígona*, de Sófocles.

O jornalista, um acrobata

Qual é o momento crucial do *media-training*?
Todos. Porém, um tema que atrai as atenções é o trabalho do jornalista. "Um jornalista é um acrobata." Honoré de Balzac, em *As Ilusões Perdidas*, definiu a profissão com cruel realismo. O narrador não economiza palavras para mostrar as sutilezas que podem levar um redator a transformar beleza em defeitos e manipular a verdade com a mesma facilidade com que a sociedade se deixa levar pela sedução dos acontecimentos. Segundo a expressão cunhada nos anos 20 pelo cronista carioca João do Rio, os jornalistas, por outro lado, seriam uma espécie de duendes com os olhos permanentemente grudados nos buracos das fechaduras para capturar os bastidores dos acontecimentos.
Visões contraditórias, mas complementares, que projetam sobre o jornalismo uma sombra de mistério e ambivalência. Longe de ser personagens lineares, os jornalistas são múltiplos. A seu modo, eles funcionam como uma espécie de advogado da sociedade perante o poder. Sejam ou não ideológicos, o traço característico da profissão é a independência. Sem independência o jornalista perde poder, e sem poder ele não existe.

36 | Comunicação Empresarial de A a Z

- As crises precisam ser administradas por um comitê específico, que reúna profissionais de diferentes especialidades: comunicadores, advogados, especialistas em recursos humanos etc. O núcleo da idéia é que o porta-voz trabalhe como um advogado da empresa perante a opinião pública.
- Não é aconselhável confundir crise com notícia negativa. Uma crise de comunicação se instaura quando se perde o controle do processo. Quer dizer, a empresa fica na defensiva, sem iniciativa. Reage ao invés de agir. A chave para solução de uma crise está em tomar a iniciativa.
- A mídia quer fatos. Não opiniões. Elimine do seu vocabulário a partícula *se*. Em momentos de crise, os porta-vozes não devem raciocinar sobre hipóteses. Elimine também o *achismo*. Não ache nada. O trabalho do gestor de crise é apresentar fatos. São os fatos que dissolvem resistência e iluminam saídas.
- A coisa mais importante numa crise é saber que não existem receitas prontas e acabadas. Um jornalista de qualidade coleta informações,

Crise e relacionamento*

O que é crise? A palavra crise foi expropriada da medicina pela economia para definir os agudos impasses sociais da Europa Medieval. Para entender o que é uma crise, imagine uma bola pressionada com força debaixo da água. Se a pressão é retirada, a bola salta com força. As crises surgem de pressões represadas e podem acontecer em qualquer empresa, a qualquer momento.

O diálogo continuado com a mídia e a sociedade é o melhor caminho para superar situações de crise. A empresa que se relaciona com a mídia conta, a seu favor, com as credenciais da credibilidade e do conhecimento de quem é quem nas redações.

Mesmo que disponha de elevada credibilidade, a empresa não deve ser arrogante e reconhecer, se necessário, os seus erros. Assim, a realidade resulta em oportunidade de mudança e a informação contribui para resgatar a confiança num terreno onde geralmente grassa a desconfiança.

Nesse sentido, o relacionamento positivo com a mídia construído ao longo do tempo desencoraja preconceitos e suspeitas por parte da imprensa. Em hipótese alguma, pode-se imaginar que encerrar uma crise é como fechar a página de um livro. Ou seja, existe a crise e o pós-crise. Nenhum desses aspectos pode escapar ao *media-training*.

---

*Adaptado de artigo publicado originalmente na Revista Imprensa (Cadernos de Comunicação).

faz entrevistas, pesquisa fatos, elege uma tese, escreve a história com fatos que possam valorizá-la. O bom administrador de crise faz a mesma coisa, só que do ângulo da empresa. Funciona como uma redação às avessas. Se o jornalista busca a contradição dos fatos, o comunicador trabalha para atenuá-las. E como faz isso? Procurando os fatos reais, os números corretos, os detalhes necessários, as fontes apropriadas para a situação. Não se precipite. Se você não conhece os detalhes no conjunto, não fale. É melhor silenciar por um tempo do que falar precipitadamente e, depois, ter que se corrigir.

Enquanto estiver discutindo a administração de crise, procure fazer exercícios práticos.

O ponto de partida é reunir os participantes do *media-training* em pequenos grupos para que produzam pautas e tracem estratégias. Convença-os a trabalhar com suas experiências pessoais. Como o sigilo é garantido no *media-training,* nada há a temer. Insista nas estratégias. Boas estratégias de ação garantem bons resultados. O propósito dos grupos é criar uma sinergia positiva. Engajar os participantes.

Na seqüência, organize as entrevistas. Utilize o fator surpresa. Por exemplo, ligue para o celular de um dos participantes, se identifique como repórter e faça uma entrevista com ele, atacando nos pontos vulneráveis. Se ele se irritar, ataque com mais força. Há uma razão para isso. A necessidade de testar o limite do seu equilíbrio.

Se o entrevistado falar excessivamente, faça com que ele fale mais e mais. Ataque as contradições. Filme as entrevistas. Abra o debate. Geralmente, o momento em que as fitas de vídeo são comentadas é apoteótico. É importante que os participantes relaxem, riam, batam palmas. O conceito é de que ninguém erra, todos aprendem.

Como criar um clima positivo?

Fazendo comentários motivadores. Aborde o desempenho nas entrevistas pelo lado positivo. Procure aliados entre os participantes mais interessados. Suponhamos que alguém se saia muito mal, fale pessimamente, erre nas respostas, entre em contradição. Procure um ponto favorável e a partir dele faça as críticas. Esse é um método que facilita a integração. Lembre-se do dr. Roberto Marinho. Quando ele queria criticar algum dos colaboradores, ele amenizava o tom das reprimendas com algum elogio. O ideal é que todos se sintam capazes. Porque realmente são capazes. Muito raramente uma pessoa é totalmente incapaz de participar de um projeto de comunicação.

Casos especiais

Nem sempre o *media-training* deve ser feito por profissionais que estão na linha de frente da mídia. Quando? Sempre que for destinado a pessoas que estão envolvidas em escândalos.

Elas não precisam saber o que é fechamento, *Lead*, pauta etc... Elas querem saber como se defender. Geralmente vêem o jornalista como inimigo, um solerte manipulador da opinião pública cuja missão única e exclusiva é destruir a vida de quem cai nas suas malhas.

Acreditam que são vítimas de conspirações, sentem-se injustiçadas, têm medo da própria sombra e, mesmo quando estão calmas, consideram os jornalistas um bando de abutres.

O drama se torna muito mais grave quando estão com os bens bloqueados ou quando a empresa a que pertencem resolveu, discretamente, afastá-las dos cargos.

É muito delicado. É preciso ter a paciência e a atitude parcimoniosa de um psicanalista. Pessoas envolvidas em escândalo, claro, precisam e têm o sagrado direito de defesa, mas é preciso ir com cuidado com elas. Assim, o melhor é convidar jornalistas que não estejam na ativa, banir câmaras fotográficas e câmaras de televisão, ou mesmo gravador, dos treinamentos. Assim, elas se sentirão mais tranqüilas.

O importante é o cuidado. Quem for dar o *media-training* precisa se comportar como um advogado. Ler todo o material de imprensa, estudar o caso ponto por ponto, imaginar as situações mais difíceis e transformar o *media-training* num momento de prepará-la para o embate de uma entrevista. Na verdade, o cuidado maior deve ser aquele de desmontar mitos. Exemplos:

- O jornalista não é amigo nem inimigo. É um profissional fazendo seu trabalho.
- A polêmica, o confronto, a ameaça de processo nada disso tem sentido algum. O que importa são os fatos. Fatos, nada mais.
- A teoria da conspiração é o caminho mais fácil para continuar "apa-

nhando" da mídia. O caminho realmente produtivo é perguntar: onde errei? Onde a mídia está errando? O que posso fazer para aproximar minha verdade da verdade da mídia?

Isso é o que constrói. O que dá segurança a quem, num momento difícil, vai fazer um *media-training*.

A cultura da comunicação e o novo espírito do capitalismo*

A idéia talvez não seja totalmente nova, mas as circunstâncias valorizam a abordagem: treinamento com simulação de crise na área de comunicação. O autor é um experiente profissional: João José Forni, que por muitos anos esteve à frente da Comunicação do Banco do Brasil, passando depois para a comunicação da Infraero – Empresa Brasileira de Infra-Estrutura Aeroportuária. Pergunta Forni: por que as empresas fazem treinamentos simulando acidentes, falhas nos sistemas de segurança, incêndios, primeiros-socorros etc..., mas esquecem de simular crises numa área tão estratégica como é a comunicação?

Antes de responder à questão, vale a pena apresentar o responsável pela pergunta. Não é preciso falar muito. Basta lembrar que Forni em 1996 conseguiu transformar a comunicação de um fato condenado a causar grande impacto negativo num episódio altamente positivo. Foi o prejuízo de R$ 7,8 bilhões do Banco do Brasil, à época o maior de que se teve notícia no sistema financeiro. Ele foi transparente e criterioso. Preparou uma cartilha explicando o que estava acontecendo – na realidade uma imensa faxina de "ativos podres" do Banco – e pensou no que iria ser dito, dos acionistas até ao presidente da República.

Resultado: deu tudo certo. Ficou claro que o problema não era de má gestão, mas de gestão realista. E o Banco saiu fortalecido. Forni foi brindado com um Prêmio Aberje. Depois, passou a assessorar o primeiro presidente civil da Infraero em 27 anos. O passo inicial foi treinar todos os executivos para se relacionar com a mídia. Quebrou o medo da imprensa, herdado dos idos do ciclo militar. Também descentralizou a

---

*Adaptado de artigo publicado originalmente na Revista Imprensa.

40 Comunicação Empresarial de A a Z

comunicação. Em lugar de apenas os diretores falarem, deu sinal verde para que os superintendentes, dos diferente aeroportos brasileiros, passassem a dialogar com a mídia.

Novamente, colhe o que semeia: boa imagem, relacionamentos mais sólidos e construtivos com os profissionais de imprensa. Outros importantes passos foram a simulação dos casos de crise na área de comunicação, com o treinamento do quadro de porta-vozes da Infraero, e a equiparação do treinamento em comunicação ao conjunto de treinamentos programados pela empresa. Isto porque a cada dia surgem novas demandas dos jornalistas e estas implicam surpresas e novidades. O atentado ao World Trade Center colocou os aeroportos em evidência e a Infraero, que administra os aeroportos no Brasil, não poderia ficar insensível a esse novo batismo de fogo.

O que a Infraero está fazendo é muito saudável. São poucas, mas importantes, as empresas públicas que vêm caminhando nesta direção. O Banco do Brasil , por exemplo, há anos forma profissionais com visão de comunicação. Os treinamentos são periódicos e abertos a profissionais de todo o País. Em Brasília, existem salas preparadas para o trabalho com mídia impressa e eletrônica, com equipamentos de alta qualidade. E o treinamento voltado para o conhecimento da mídia, realizado pela equipe da professora Heloisa Mattos, da USP, é feito com absoluto rigor.

Infraero e Banco do Brasil são exemplos a ser seguidos. Vivemos tempos em que a comunicação faz e desfaz a imagem das empresas. Não é necessário ir muito longe. É só olhar em volta e ver o que aconteceu com gigantes do calibre da Enron e da WorldCom. O capitalismo passa por uma crise de valores. Sem a oposição do bloco soviético, desfeito no lodaçal das suas próprias contradições, perdeu os referenciais de confiança da sociedade e se deixa, com relativa freqüência, levar pela sedução da mentira e da mistificação. É um fenômeno mundial. Ironicamente, é nos países ricos onde explodem os casos mais escabrosos.

A comunicação não é certamente a panacéia para esses males, mas serve de antídoto para a arrogância daqueles que pensam que podem burlar a boa fé do cidadão e, em outras palavras, burlar a lei. O que o treinamento em comunicação procura mostrar, no âmbito político e filosófico, é que a mídia não poupa os mentirosos e mistificadores. Uma cultura de comunicação significa uma cultura de transparência, e esta pode funcionar como um escudo protetor da imagem corporativa. Pode chamar a atenção para o fato da democracia, acima de tudo, ser o império da lei e da cidadania. Pode mais. Pode mostrar que de nada adianta o discurso de idoneidade, se as práticas não forem idôneas.

Do turbilhão de crises, portanto, pode-se dizer que está surgindo uma nova empresa, mais consciente das suas responsabilidades, mais voltada para a construção de valores permanentes. Construir a cultura de comunicação corporativa não é uma tarefa fácil. Exige sensibilidade, bastante trabalho, profissionais competentes e, sobretudo, o apoio da direção. A cada escândalo que surge na mídia, é como se as empresas voltassem ao princípio e perdessem sucessivas ilusões. Se a direção tiver visão de futuro, esta volta ao princípio – uma espécie de eterno retorno nietzschiano – se dará de forma diferente. Saudável, não destrutiva.

A primeira ilusão é que a empresa é um corpo isolado da sociedade. Na realidade, nunca foi. Mas o ambiente competitivo da sociedade moderna imprime um novo espírito ao capitalismo, que faz da empresa mais uma propriedade pública do que uma propriedade exclusivamente privada. Segunda ilusão: não há mais como esconder fraudes por muito tempo. Chegou o momento que há tempos se avizinhava. Existe a lei e existe a vigilância da mídia. Se uma falha, a outra funciona, num fascinante sistema de vasos comunicantes. E uma vez que se tornem públicos, não há como remediar os erros. Resta apenas pagar o preço, muitas vezes as penas da lei e, pior, o descrédito perante a opinião pública. Que é implacável.

Um desafio que exige habilidade*

Como lidar com a imprensa do interior em situações de crise? Eis uma questão muito difícil de responder, mas que pode, a qualquer momento, decidir o êxito ou o fracasso do seu trabalho.

O interior do País é um grande mistério em termos de comunicação.

Por mais crítica que seja a mídia, por mais receptivos que sejam os jornalistas, por melhor editados que sejam os jornais, mesmo em cidades com mais de 100 mil habitantes, há sempre uma surpresa para quem

---

*Adaptado de artigo publicado originalmente na Revista Imprensa.

42 Comunicação Empresarial de A a Z

trabalha com assessoria a empresas. Há locais, em especial em centros industrializados, onde a imprensa é muito radical, quase impermeável à possibilidade de abrir espaços para que as empresas expressem suas opiniões em momentos de crise. Há outros onde o espaço existe, desde que seja pago, independente de os jornais terem feito antes denúncias ásperas contra as empresas.

Estes últimos são os mais complexos de lidar. Numa das regiões canavieiras do País fui surpreendido com a seguinte situação. Toda a imprensa local tinha denunciado uma importante usina por manter trabalhadores sob regime de escravidão. Na realidade, o problema nunca existiu. Aconteceu sim uma armação política muito bem montada. Como o empreendedor estava revolvendo as estruturas de produção e de contratação de trabalhadores – que passaram a ter carteira assinada –, alguns adversários fizeram circular a informação de que estava levando à prática o trabalho escravo para auferir maiores lucros.

A polícia foi envolvida. O MST e a Pastoral da Terra também. A imprensa fez o resto. Logo ficou provado pelas próprias autoridades que o trabalho escravo era pura ficção. Mas o estrago estava feito. Então, a empresa, que mantém uma dezena de usinas, em pelo menos cinco Estados brasileiros, todas obedecendo a rigorosos padrões éticos nas relações com os trabalhadores, partiu para a ofensiva. E convidou a mídia local para conhecer os alojamentos, refeitórios e condições de trabalho nos canaviais.

Foi quando surgiram as surpresas. Os jornais da região concordavam num ponto: erraram ao acolher as denúncias. Contudo, a cobertura da versão da empresa precisaria ser matéria paga. Por matéria paga, entenda-se a compra de espaço sem a necessária caracterização. Observada sob a ótica da imprensa dos grandes centros, a postura pode ser vista como uma autêntica heresia. Uma chantagem mesmo. Da ótica de boa parte da imprensa do interior, não. O diretor comercial de um dos principais jornais da cidade foi direto ao ponto: "as empresas nunca anunciam e quando nos procuram é porque estão com algum tipo de problema".

De fato, é assim mesmo. O mesmo diretor foi mais adiante. O interesse empresarial, disse ele, é uma coisa, o interesse público outra. Por interesse empresarial, leia-se tudo que diz respeito à imagem da empresa, mesmo se estiver realizando elevados investimentos na região. Por interesse público, entenda-se algo que possa eventualmente prejudicar a comunidade. Difícil de explicar, difícil de entender pela ótica dos grandes centros urbanos. Pela ótica do interior, não. A imprensa nesse universo é extremamente dependente do governo. As prefeituras sempre compram espaços que são utilizados pelo noticiário do dia-a-dia e não há nenhum segredo nisso. Ninguém questiona, ninguém protesta.

É um tipo de critério que vale para a situação e para a oposição. E que envolve rádios e televisões, salvo exceções honrosas, como as afiliadas da Rede Globo, onde comercial e redação estão radicalmente separados e os critérios jornalísticos são os mesmos aplicados para o País inteiro. Exceções à parte, o critério na maioria das vezes dominante é o critério da sobrevivência. Como o comunicador deve se portar diante de uma situação dessas? Por mais absurda que possa parecer, a situação é real e, portanto, a realidade sugere que se avalie a situação sem preconceitos e com base nos referenciais de cultura regional.

Haveria muito para se filosofar sobre esse tema. Dois problemas, em particular, surgem nesse ponto. Para uma situação em que foi feita uma denúncia, cabe a pergunta: por que a empresa não teria o mesmo espaço para resposta, exatamente como determina a lei? Num sistema de dois pesos e duas medidas, onde fica a ética? A outra questão: é oportuno bater de frente com a cultura local e apostar no confronto? Visão ética ou pragmatismo? Adaptação à cultura local ou a determinação de querer impor a visão dos centros urbanos mais desenvolvidos?

A imprensa é um fenômeno dos grandes centros. Como força política e empresarial, é um produto da Revolução Francesa, época em que o jornalista ganhou a aura de ser quase divino, de saber enciclopédico, embora fosse um ser quase sempre de cultura pontilhada de lacunas, que se aproxima dos fatos mais pela versão de terceiros do que por si próprio. Como sacerdotisa da objetividade, a imprensa remonta historicamente aos anos 1920 nos Estados Unidos, quando nasceu uma forma de equilibrar interesses mercadológicos, naturais é evidente, com o papel de utilidade pública.

O "produto" jornalístico com a objetividade tornou-se homogêneo, transformando o conceito de isenção num decisivo argumento de vendas e, também, numa muralha a barrar críticas e rejeições por parte de correntes políticas antagônicas. O conceito correu o mundo e, junto com o conceito de jornalismo opinativo europeu, este herdeiro da Revolução

Francesa, criou uma identidade e um estilo de poder que varia a depender do ambiente. Trata-se, portanto, de uma atividade que sempre esteve intimamente vinculada ao poder e que, por mais independente que seja, nunca é praticada de forma totalmente independente, salvo no que se refere à verdade factual. Mas quando se trata de selecionar os fatos relevantes e focar os elementos significativos não há saída: entra-se no domínio da subjetividade. Porque uma acumulação pura e simples de fatos está para a informação como um monte de pedras está para uma casa. Diante desse quadro, julgar os jornais do interior pelas suas estratégias de sobrevivência é um erro, uma imaturidade por parte daqueles que não conhecem claramente os bastidores da mídia e que querem adaptar o mundo a suas vontades. A mídia é tão mais independente quanto mais sólida for a economia.

Na realidade, cada caso é um caso e a decisão cabe exclusivamente a quem está envolvido de corpo e alma com uma crise de comunicação. Fora desse circuito, é quase certo que a ingenuidade, a arrogância ou a hipocrisia irão preponderar em detrimento da análise concreta da realidade. Ou seja, fica mais fácil fugir da realidade como alguém que olha através de um espelho côncavo e se deixa iludir pela projeção de imagens distorcidas.

Investir é preciso*

Se a comunicação empresarial é uma arte, ela é também uma arte de natureza particular. É uma arte porque alia a consistência material – leia-se o uso das ferramentas de natureza técnica comuns à pintura e a escultura – à originalidade e, em especial, à sensibilidade para a percepção da realidade concreta. Uma arte porque é o caminho seguro para o diálogo construtivo entre as corporações e a sociedade. Uma arte de relacionamento porque reflete diretamente no lucro e na imagem que consolida e amplia os mercados. Contudo, as estratégias de comunicação empresarial constituem uma arte diferente, porque não podem prescindir de investimentos, e mais especificamente de investimentos continuados.

---

*Adaptado de artigo publicado originalmente na Revista Imprensa.

A Arte do *Media-Training* | 45

Depois de mais de uma década de consolidação da democracia brasileira, é marcante a ênfase que as empresas têm dado à comunicação. Por paradoxal que pareça, porém, a comunicação é a primeira vítima de cortes nos momentos de crise. Se a economia entra em pane, ou demonstra vulnerabilidade, o que faz parte da rotina do País, logo as verbas publicitárias, de marketing e de comunicação no conjunto encolhem, quando não são drasticamente reduzidas. O mesmo acontece quando a pane atinge uma empresa. Ou um setor empresarial.

Não é o que se verifica, para citar um exemplo emblemático, nos Estados Unidos. Na grande recessão de 1929, quando era comum o cidadão americano ir ao centro financeiro apenas para olhar os arranha-céus e respirar sofregamente um átimo de otimismo, corporações do porte da Ford e do grupo Rockfeller fizeram da comunicação um trunfo para assegurar posições duramente conquistadas. Em 2001, a Pfizer confirmou essa saudável prática do universo empresarial americano. Contra os impasses nas vendas de produtos farmacêuticos, utilizou a arma dos investimentos em comunicação. Resultado: foi eleita a Empresa de Marketing do Ano pelo prestigioso *Advertising Age*, a bíblia da publicidade mundial.

Por que agir assim? As empresas americanas sabem o que querem. E sabem mais. Sabem há muitas décadas que a comunicação é um valor eterno para o desenvolvimento dos negócios. Ela se confunde com o resultado das corporações, com a evolução da economia e repercute diretamente no comportamento do cidadão nas suas relações com o mercado. Na prática, é como se a comunicação e as crises fossem como duas gotas de água que guardam a mesma identidade, o mesmo espírito.

Infelizmente, no Brasil o retrato mais próximo do cotidiano é inverso: ao contrário de duas gotas de água, é como se comunicação e crise fossem água e óleo.

É fácil verificar que, no Brasil, a rota da comunicação empresarial ainda encontra-se semi-petrificada. Na arte, nem sempre é possível ver tudo ao mesmo tempo, mas a definição do objetivo a alcançar é o que permite superar a realidade e os limites da criação. O genial Leonardo de Vinci costumava afirmar que os limites são naturalmente incertos, mas que é possível ultrapassá-los a partir da abertura de um espaço de sonho.

Simetricamente, a imagem empresarial é feita de uma sucessão de espaços que não podem, em hipótese alguma, separar os fins dos meios. Jamais uma empresa que se posicione eticamente poderá recorrer à fantasia ou à ficção como um escultor ou um pintor. Não é apenas uma questão moral, mas um imperativo estratégico. Na arte, todas as coisas são reais, os sonhos em particular. Na relação empresa–consumidor, empresa–sociedade, a arte é feita de uma matéria-prima diferente, objetiva por princípio e natureza. Mas o espaço de sonho – o objetivo de evoluir – deve ser preservado.

Uma das características principais da comunicação empresarial é a continuidade. A outra é a sua fragilidade. Por melhor que seja planejada, a comunicação é sempre vulnerável. Se interrompida, ela se esvai como processo e os prejuízos financeiros podem ganhar proporções imensuráveis. É vital que se veja a comunicação como investimento. Não por acaso, a família Bin Laden, após o atentado de 11 de setembro, correu para buscar socorro de comunicadores. Estava perdendo clientes em todo o mundo e sentiu que precisava investir em comunicação para não virar pó como as torres do World Trade Center. É uma atitude que precisa ser imitada, tomada como referência por corporações e o poder público. Em época de crise ou não. Em empresas sólidas ou não. Em administrações públicas que estão dando certo ou não. Pois investir é preciso, sobretudo em tempos de dinheiro curto e pouca visibilidade quanto ao futuro.

Saudades de JK*

Juscelino Kubitschek, cujo centenário de nascimento se comemora em setembro, foi o primeiro presidente a ter a posse filmada pela televisão. Foi também um mestre na arte de lidar com a mídia.

JK entendia da mídia. Foi o primeiro presidente brasileiro a tomar posse sob os refletores da televisão, o primeiro a viver uma época de intensa renovação técnica e profissional da imprensa, o primeiro a perceber que a imprensa é decisiva para construir a democracia. Assumiu o poder numa época em que se vivia ainda o rescaldo da censura varguista, que

---

*Adaptado de artigo publicado originalmente na Revista Imprensa.

A Arte do *Media-Training* 47

continuou a projetar sua sombra após a redemocratização de 1946 e, sobretudo, num momento de violenta polarização ideológica.

Na campanha presidencial, por exemplo, perdeu o importante apoio do *Correio da Manhã*, à época um jornal de imensa influência, porque anunciou que manteria o monopólio do petróleo em mãos da Petrobras. E houve a eterna, e cruenta, oposição de Carlos Lacerda, que chegou a escrever nas páginas da *Tribuna da Imprensa* que ele poderia se eleger presidente, mas não tomaria posse.

JK foi eleito e tomou posse. Entregou a faixa presidencial ao seu sucessor, Jânio Quadros, em clima de completa normalidade institucional e tranqüilidade nos quartéis – fato raro naquela época – e, vale lembrar, jamais perseguiu Lacerda. O episódio envolvendo o general Lott dá a medida exata do clima de tensões que marcaram as relações do governo JK com a imprensa. Fazia-se um jornalismo marcadamente ideológico, um jornalismo em que o fato muitas vezes era menos importante que a versão.

Cedo, percebeu a força dos fatos e a fragilidade das versões. Certa vez, correu o boato de que seria seqüestrado por oficiais revoltosos numa viagem de navio entre Santos e o Rio de Janeiro. Não se intimidou. Tomou o navio. Quando desembarcou no Rio, foi alvo de uma das maiores manifestações de apoio das Forças Armadas de que se teve notícia na história brasileira. O seu governo estava completando o primeiro aniversário. O fato foi manchete nos jornais, com destaque para o respeito que os militares dedicavam à Constituição.

Brasília foi atacada com histeria pelos udenistas. Quando construiu o Catetinho, demoliu os opositores com a notícia de que o palácio de tábuas, frágil na estrutura, mas vigoroso no significado simbólico, era um marco definitivo na construção da futura capital. E havia a questão do desenvolvimento, hoje mais do que nunca inadiável. O debate era o mesmo de sempre: monetaristas *versus* desenvolvimentistas. Juscelino falava diariamente no rádio, motivando a população para a tese do desenvolvimento.

Na campanha e, depois, na presidência, pousou junto a réplicas de automóveis, recebia investidores, falava com jornalistas sem rodeios. Era um político moderno. Dirigia-se ao eleitor em tom coloquial, baniu de cena o formalismo típico das oligarquias.

48 | Comunicação Empresarial de A a Z

Conta-se que, estando de relações cortadas com o presidente da República, Café Filho, que tentava barrar seus passos rumo ao Catete, um repórter da revista *O Cruzeiro* lhe perguntou maliciosamente: "E o problema do café, governador?". JK replicou:

— Qual deles? O vegetal ou o animal?

Ironizava. Sabia ser simpático, irreverente. Não tinha a agressividade dos presidenciáveis da atualidade, que, com raras exceções, tomam as críticas dos jornalistas para o lado pessoal. Mentem. Esbravejam. Exibem deselegante arrogância.

JK falava a verdade. Sofria ataques constantes dos jornais mais influentes do País. Pagava o elevado preço de ser ligado a Getúlio Vargas, de cultivar filosofias libertárias, de contribuir para levar a sociedade mais perto dos ideais igualitários.

Os anos JK foram de renovação da imprensa. Os programas de televisão mudaram a cara e o *Repórter Esso* passou a disputar público com os jornais. As máquinas de escrever começaram a aparecer em grande número nas redações, um novo conceito de notícia – menos opinativo e mais substantivo – e um novo design foram entronizado nos jornais e revistas. Os textos, como o País, embalado pela bossa nova, ficaram mais leves.

JK tomou posse em 31 de janeiro de 1956 e deu posse a Jânio Quadros em 31 de janeiro de 1961. O novo presidente oficializaria o cargo de secretário de imprensa que JK tinha criado e entregue ao escritor Autran Dourado. Os governos do ciclo militar não o extingüiram. Pelo contrário, buscaram transformá-lo num instrumento de controle da imprensa.

Veio a redemocratização.

As relações da imprensa com os presidentes civis se renovaram. Fernando Henrique, por exemplo, elevou-se numa paisagem antes enevoada pelo conflito, perseguições e desconfiança para conviver saudavelmente com a crítica, mesmo quando se escreve que ele realizou apenas "um bom governo medíocre". Ou quando é acusado de esquecer a questão social e deixar que os juros no Brasil desafiem a gravidade, alcançando os índices mais elevados do planeta. O diálogo substituiu as baionetas e os coturnos. Porém, o estilo JK deixou saudades. Como deixaram saudades o seu dinamismo e a sua capacidade de tornar o léxico do progresso e do bem-estar dos brasileiros uma utopia possível.

Jogo pesado*

Por trás das más notícias muitas vezes se escondem manobras invisíveis para desvalorizar empresas brasileiras. Ler nas entrelinhas, como fazem os bons repórteres, é sempre muito educativo.

No jornalismo empresarial, muitas vezes é preciso analisar o noticiário com lupa. Isto porque é comum as entrelinhas falarem uma linguagem bem mais eloqüente do que a aparente realidade dos fatos.

Vejamos um exemplo do passado, antes de entrar no cotidiano recente.

1898. O mercado Derby, do empreendedor Delmiro Gouveia, era um luxo. Uma espécie de precursor do que hoje conhecemos como *shopping center*. Ele trouxe a idéia de Chicago, Estados Unidos, onde fora visitar a Exposição Universal. Em 1899, ergueu no Recife o ambicioso projeto, um admirável mercado-modelo de proporções hiperbólicas, contando com 18 portões e 112 janelas, um luxuoso hotel (cujo restaurante era considerado um dos melhores da América Latina), salões de jogos, teatro freqüentado pelas melhores companhias, um local aberto 24 horas por dia, um parque de diversões, além de pista de ciclismo, então um esporte elegante praticado por gente rica e bem-nascida, e um velódromo com barcos para regatas e passeios. No *réveillon* da virada do século 20, o mercado foi incendiado por seus inimigos, partidários do vice-presidente Francisco Rosa e Silva, que reinava na política pernambucana. Delmiro ficou 24 horas no cárcere. Acusação: teria provocado o incêndio para receber o seguro. Foi solto porque o comércio parou em sua defesa. Semanas antes, os jornais ligados a Rosa e Silva tinham batido na mesma tecla: o empreendedor estava falido. Prepararam o terreno para atingir um empresário que desafiava as elites e emergia como força política de oposição. A história demonstrou o inverso. Além de não estar falido, ele reafirmou sua inigualável visão de futuro como pioneiro da hidrelétrica de Paulo Afonso, passado pouco mais de uma década do dramático episódio. A história é conhecida. Morreu assassinado porque levou a industrialização para o Nordeste e fez do sertão uma nova Canaã.

Neste começo do século 21, artifícios muito semelhantes são usados com freqüência. Às vezes para construir uma falsa imagem, a exemplo

---

Adaptado de artigo publicado originalmente na Revista Imprensa.

50 | Comunicação Empresarial de A a Z

do que recentemente ocorreu com um artista que contratou uma assessoria de imprensa para divulgar que ele tinha trabalhado com o lendário David Lynch. Às vezes sem que nenhuma palavra precise ser dita diretamente para depreciar um negócio que, de repente, passa a incomodar. Nesses casos, os ataques são feitos com a espada embainhada. Uma história recente, sob esse ângulo da trama, pode ser contada a partir de um anúncio da Clorox, um gigante mundial do setor de inseticidas, águas sanitárias, limpadores multipiso e desodorantes.

"O principal motivo que nos levou a colocar os ativos do Brasil à venda foi a falta de massa crítica nos negócios para que obtivéssemos sucesso em longo prazo", justificou o presidente mundial da Clorox, Jerry Johnston, em comunicado distribuído pela imprensa. Nem uma palavra foi dita sobre o fato de, no Brasil, os direitos da famosa marca STP, conhecida em todo o mundo pela excelência em produtos para automóveis, pertencerem ao empresário Paulo Bonadia, que fez o negócio crescer aqui em algo como 300%. Pior, nada foi dito sobre um litígio internacional entre Bonadia e a Clorox, envolvendo a marca.

A manobra, em termos de comunicação, parece clara: desvalorizar o negócio para pagar barato. Discreto, o empresário brasileiro que trabalhava a marca STP há cerca de nove anos, limitou-se a dizer: "Me admira que eles tenham feito esse anúncio dessa forma, sem nos consultar antes". E continuou tocando a STP Brasil, como lhe assegura a legislação.

Sim. O jogo é pesado, não é de hoje. Nos tempos do Império, antes de o Barão de Mauá se instalar em Londres e mostrar seu imensurável talento no negócio do câmbio, batendo inclusive o grande Lionel Rothschild, banqueiro da Coroa britânica e também do imperador dom Pedro II, a imagem que se tinha do Brasil na Europa era uma só. Aqui, só vicejava o tráfico de escravos. Com isso, os ingleses que divulgavam essa vocação definitiva para negociar com carne humana ambicionavam frear o fluxo de imigrantes alemães, qualificados, para o Brasil e, assim, retardar a industrialização. Tiveram êxito por muito tempo. E mais do que isso, destruíram no combate ao tráfico mais de 800 navios brasileiros. Ou seja, a frota mercante indispensável para ativar o comércio exterior. Quem quiser conhecer mais detalhes basta ler o clássico *Mauá – Empresário do Império*, do jornalista Jorge Caldeira.

Agora, a novidade, digamos assim, é o nervosismo do mercado. Ganha manchetes. Derruba o dólar. Dispara o gatilho adormecido da inflação. Semeia catástrofes, colhe gordos dividendos. Tudo porque derruba o preço das empresas. O quadro inquietante enseja a releitura de uma frase muito apropriada para o momento, da lavra do inglês Daniel Defoe (1660-1731), que muitos conhecem como autor de *Robinson Crusoé*, mas que entendia muito de mercados e, depois de abrir falência em 1692, por envolver-se em apostas muito altas na bolsa, escreveu um panfleto intitulado *A Vilania dos Acionistas Revelada*.

Suas palavras são puro vitríolo contra os especuladores: "Bombas podem atear fogo às nossas cidades, mas esses homens nos arruínam silenciosamente com artifícios venenosos como debêntures, ações, transferências e o diabo a quatro". Nada contra as ações, pelo contrário – o mercado de bolsas de valores é autêntica fonte de desenvolvimento –, tudo contra os especuladores. Nesse campo, os estrategistas de comunicação precisam estar vigilantes. E ler nas entrelinhas, como fazem os bons repórteres, é sempre saudável e, claro, educativo.

O trunfo da aliança com a mídia*

— *Foi uma surpresa ver este jovem chegar com o senhor – sorriu o Barão, apontando para o míope. – Ele lhe contou que já trabalhou para mim? Nesse tempo admirava Victor Hugo e queria ser dramaturgo. Falava muito mal do jornalismo, então.*

— *E ainda falo – disse a vozinha antipática.*

— *Pura mentira! – Exclamou o Barão. – Na verdade, sua vocação é a bisbilhotice, a inconfidência, a calúnia, o ataque falacioso. Era meu protegido e, quando passou para o jornal do meu adversário, transformou-se no mais vil dos meus críticos. Cuide-se, Coronel. É perigoso.*

O diálogo entre o Barão de Canabrava e o Coronel Moreira César é de ficção e consta do livro *A Guerra do Fim do Mundo* – que narra a epopéia de Canudos – do escritor Mario Vargas Llosa. Mas é fora de dúvida que poderia ser verdadeiro, dada a desconfiança com que a im-

---
*Adaptado de artigo publicado originalmente na Revista Imprensa.

52 Comunicação Empresarial de A a Z

prensa é muitas vezes tratada. Vale a pena recordar que, nos anos 20, os milionários americanos acreditavam ser saudável para os negócios manter prudente distância da mídia e que, hoje, a imprensa americana, considerada a mais livre do planeta, se vê sitiada pela ameaça de censura velada por força da guerra contra Bin Laden e o terror.

São circunstâncias que, longe de enfraquecer, fortalecem o papel da imprensa. Sabemos que uma sociedade civilizada não pode prescindir da mídia e da liberdade de expressão. Insurgem-se contra o construtivo relacionamento com a mídia apenas aqueles que fazem parte do passado, a exemplo do barão citado por Vargas Llosa, um monarquista que perdeu poder com a proclamação da República, ou aqueles que ainda não atentaram para o seu permanente compromisso com o progresso da sociedade.

Para a empresa moderna, essa percepção é vital. Além de contribuir para construir mercados, tornar visível a presença das corporações na vida econômica e social, favorece o diálogo construtivo com as comunidades onde as empresas têm suas raízes. Sabemos que setores inteiros da economia brasileira floresceram graças ao suporte da mídia. Podemse citar como exemplos o mercado de ações, a indústria petroquímica e, em especial, a indústria automobilística.

E aqui vale lembrar que setores antes monopolistas, como energia e cimento – apenas para citar dois casos emblemáticos –, estão correndo para modelar uma cultura de comunicação. É uma trilha que no Brasil vem sendo ampliada há mais de duas décadas. De 1990 para cá, com a redemocratização, vem adquirindo novo vigor. Nessa caminhada, os executivos certamente ocupam posição central, pois são eles que traçam a política de comunicação das empresas. Ver a mídia como inimigo (ou adversário) é uma opção desastrosa.

O conflito nesse campo é sempre prejudicial. De um ângulo positivo, é fácil constatar que a mídia é uma aliada. E, nesse particular, não difere muito do cidadão. Por uma razão simples: não existe liberdade de imprensa. Existe, sim, liberdade da sociedade. Se a sociedade é livre, a imprensa é livre. Além da consolidação da democracia, as corporações no Brasil contam a seu favor com a força da mídia, o que facilita a criação de culturas específicas nos diferentes segmentos da economia, com reflexos positivos no fortalecimento do capitalismo.

Em relação à América Latina, o Brasil é o único país com tradição de grandes jornais e revistas influentes. Em cidades como São Paulo, Rio de Janeiro e Porto Alegre estão localizados pelo menos os cinco mais influentes jornais e as cinco mais influentes revistas, além de algumas das emissoras de televisão de maior audiência.

Além disso, o estilo de jornalismo é mais moderno, mais crítico e menos dependente de fontes e informações oficiais. Mesmo uma leitura superficial permite perceber que o jornalismo brasileiro mudou radicalmente nos últimos 40 anos. Está claro que uma época de brigas pessoais, acirrado confronto ideológico e mesmo a venda de espaços jornalísticos, como faziam a finada revista *O Cruzeiro* e os veículos dos Diários Associados (sob a batuta de Assis Chateaubriand), ficou para trás.

A mídia transformou-se numa referência na defesa dos direitos da cidadania e dos valores do progresso e bem-estar da sociedade. Quem imaginar o contrário estará cometendo um erro terrível. Os jornalistas não só se profissionalizaram como estão sempre dispostos a defender boas causas, desde que estas sejam genuínas. Não por acaso o Barão de Canabrava e suas versões contemporâneas consideram os jornalistas perigosos. Não por serem jornalistas, mas por serem emblemas de uma sociedade que questiona e faz valer os seus direitos. Por isso, as empresas, para se relacionarem saudavelmente com a mídia, não podem dissimular e precisam ser coerentes nas suas ações. Caminhar nessa direção não significa apenas conquistar as simpatias da mídia. Abre também o caminho para a empresa participar de um mundo novo.

A estratégia de comunicar*

Jack Welch, o ex-*chairman* da GE, ainda hoje perde o sono quando lembra o encontro com um jornalista da revista *Monogram*, editada pela própria corporação. Corria o ano de 1969 e ele acabava de ser promovido a gerente-geral da área de plásticos. Welch se gabou o tempo todo e chegou ao extremo de dizer que o negócio de plástico crescera mais no primeiro ano da sua gestão do que nos "dez anos anteriores".

---

*Adaptado de artigo publicado originalmente na Revista Imprensa.

Na sua autobiografia, fez dolorosa autocrítica: "Que imbecil eu fui – tão extasiado comigo mesmo. Sem qualquer consideração pelos meus antecessores como líderes do negócio, proclamei que quebraríamos todos os recordes de vendas e de lucros. Quem leu o artigo deve ter ficado muito chocado. Felizmente, eu voava abaixo do radar, ainda imperceptível pela burocracia da GE".

Os jornais estão repletos de histórias como a de Jack Welch, que viria a ser o executivo mais famoso do mundo nas últimas duas décadas do século 20. Há pessoas que, quando falam, destroem mais do que constroem. Não são apenas empresários. São políticos, líderes de classe, juristas, enfim, uma galeria extensa. Geralmente bem intencionados, com mensagens importantes a transmitir, mas que tropeçam nas palavras e nas idéias quando se encontram diante de um jornalista.

Por isso, o *media-training* está se tornando uma prática muito comum, sinônimo de cultura da comunicação. É um caminho seguro para atualizar permanentemente a compreensão que os formadores de opinião, em diferentes categorias, precisam ter com relação à mídia.

No Brasil dos dias atuais, a cultura de comunicação vem ganhando força. O governo federal, por exemplo, tem feito enorme esforço para treinar seus porta-vozes. Prefeituras como a de São Paulo e governos estaduais trilham o mesmo caminho. Mais do que o quarto poder, a mídia é o próprio poder. Quem entende das suas entranhas, personalidade, valores e ritmo de produção certamente amplia sua capacidade de influenciar decisões na sociedade. Isto porque a mídia está no centro de tudo.

Não é só. No caso brasileiro, a mídia é mais do que espelho da opinião pública. É um emblema maior da liberdade de exercício da cidadania. Funciona como uma espécie de mediador de tensões e conflitos. Portanto, entender de mídia não é um luxo, nem uma sofisticação. É uma necessidade.

Faço esses comentários para introduzir o tema do relacionamento do Poder Judiciário com a mídia. Certamente, não existe nada mais vital para a modernização brasileira que o Judiciário. Graças aos avanços da lei, a democracia tem se consolidado. É pelos parâmetros legais que a mídia avalia e defende posturas éticas.

Contudo, porta-vozes do Judiciário às vezes invertem os sinais da comunicação e constroem polêmicas que poderiam perfeitamente ser evitadas se houvesse compreensão da forma singular com que funciona a mídia. Ou melhor, polêmicas que poderiam ser colocadas no caminho certo, expondo de forma substantiva posicionamentos legítimos ou, no mínimo, indispensáveis ao saudável debate democrático.

O tema da greve do Judiciário serve de metáfora para contradições fora do lugar e do sentido da convergência que pode ser cultivada, com benefícios ainda maiores para a sua imagem e reputação. O desafio é aceitar que comunicação é política. E, por ser um ato político, exige visão estratégica.

É impossível dissociar uma face da outra. Ambas estão intimamente interligadas. Quando a cultura de comunicação é sólida, torna-se mais fácil fazer a sensibilidade da razão preponderar sobre as naturais emoções das adversidades. Quando a cultura de comunicação é embrionária, a falta de conhecimento técnico muitas vezes embaça a sensibilidade política. E é exatamente aí que mora o perigo. Não no relacionamento com a mídia. Mas no relacionamento com a sociedade, que é a razão de existir da imprensa.

O correto é compreender e absorver a cultura da mídia para, por esse caminho, lançar pontes construtivas na direção da sociedade. Aqueles que agem assim tendem a favorecer, sempre, resultados práticos e muito positivos. Ainda existe muita incompreensão quanto ao trabalho de comunicação nas corporações, no poder público e nas entidades de classe. Por alguma razão inexplicável, imagina-se que é um trabalho fácil, capaz de ser feito sem planejamento e com a rapidez de um relâmpago.

Errado. Feita nessas condições, a comunicação não passará de um exercício extenuante – um simulacro de conteúdo, um simulacro de consistência, um simulacro de sabedoria. Se bem entendido, o *media-training* será sempre um passo renovador. Não apenas no relacionamento com a mídia, mas no relacionamento com a sociedade, o maior deles, onde se encontra a verdadeira fonte da democracia e das liberdades.

A justiça é cega, mas não é muda*

O Poder Judiciário se atrasou em relação aos demais poderes no que se relaciona à Comunicação. Tornou-se excessivamente hermético. Sente-se ameaçado quando criticado. Tem dificuldade de aceitar que a história se move e que a democracia é feita de equilíbrios dinâmicos. O mundo em que vivemos é como um veículo de duas rodas que garante sua estabilidade pela capacidade de estar em movimento.

Ao contrário do passado, o Brasil dos dias atuais é feito da argamassa da crítica e do diálogo. Tudo que é público ou privado está aos olhos da multidão. Desde o Império, os poderes constituídos estão habituados a se imaginar acima do bem e do mal. Não é mais assim. Hoje, todos criticam todos. Todos querem utilizar a liberdade política para reivindicar e fazer prevalecer suas teses. Se justas ou não, o debate público é que irá determinar.

Convencionou-se, nesse contexto, dizer que a imprensa é o quarto poder. Na prática, a imprensa não tem poder algum. A sua liberdade é a liberdade da sociedade. Daí, nos países autoritários a imprensa ser sempre a primeira vítima. Daí, nos países civilizados estar sob permanente fogo cerrado da crítica e a fiscalização superior do Direito.

A Justiça brasileira tem uma longa tradição democrática. A história dos direitos da cidadania poderia perfeitamente ser reconstituída a partir da sua trajetória construtiva. Sempre se opôs aos privilégios aristocráticos, à confusão reinante entre o público e o privado e ao cerceamento das liberdades. No ciclo autoritário, foi um escudo protetor contra as arbitrariedades.

Na Grécia antiga, *némesis* era a justiça divina e *aidós* a justiça da sociedade. Mas *némesis* e *aidós* freqüentemente constituem um par inseparável a significar a justiça completa e complementar, concentrando metaforicamente todo o núcleo da Justiça que se constrói e evoluiu na prática dos princípios éticos e da fixação dos justos limites. Isto significa que o Poder Judiciário não pode ser visto, nem ambicionar se colocar, acima ou à parte da sociedade. E, o que seria igualmente lamentável, desdenhar da sua opinião.

---

*Adaptado de artigo publicado originalmente na revista Justiça & Cidadania.

Seria um exagero afirmar que o Judiciário brasileiro se encontra num ponto de tamanha dissonância. O dilema é muito menos dramático e muito fácil de resolver. O Judiciário está com um problema de comunicação acondicionado num problema político. O problema político está no desafio de adaptar-se de forma saudável a uma sociedade em transição para a democracia, vincada pelos profundos impasses da desigualdade social e do empobrecimento que não poupa ninguém, nem qualquer dos poderes constitucionais. O problema de comunicação se resume à atitude prática de falar de si mesmo, seja para divulgar o que é positivo, seja para admitir seus desacertos.

Claro, é uma decisão política. Mas uma decisão acima de tudo saudável. Quando começar a agir assim, ficará mais difícil criticar o Judiciário, porque existirão argumentos para expor princípios e atitudes. E quando as críticas ocorrerem – o que é da essência do regime democrático –, os argumentos servirão de alicerce para a defesa.

A palavra chave desse processo de comunicar é profissionalização. A comunicação é fraca quando é feita empiricamente, quando é inspirada pelo calor das emoções e não pelos fatos, quando, sobretudo, é fruto de um cordão de isolamento que separa as empresas e o poder público do cidadão e da sociedade. Essa relação de distanciamento perdeu o sentido de existir com a redemocratização do País, mas infelizmente ainda projeta a sua sombra por toda parte, não apenas na Justiça.

Os integrantes do Poder Judiciário, em sua vasta maioria, estão conscientes da necessidade de cultivar e consolidar a cada dia a reputação de responsabilidade e coerência duramente conquistada. Falta apenas fazer a opção pelo diálogo com a sociedade e os demais poderes. Diálogo continuado e construtivo. Diálogo que não embaça a independência do julgamento, mas fortalece os vínculos com a tradição democrática.

A lição do Exterminador do Futuro*

Uma expressão inglesa com treze letras. Uma expressão que se aprende na prática e na filosofia da arte de falar, com muita determinação e o

---

*Adaptado de artigo publicado originalmente na Revista Imprensa.

58 Comunicação Empresarial de A a Z

necessário conteúdo ético. Sem dúvida, a expressão mais útil para quem quer criar uma imagem positiva como empresário, político ou governante, mas que é um autêntico fantasma para quem pensa em manipular, poluir ou jogar negativamente com a informação. Treze letras para formar essa expressão inglesa de absoluta atualidade para quem decide ou influencia decisões no Brasil: *media-training*.

Maluf, por exemplo, foi um aluno aplicado. Desde os idos do ciclo militar, quando ocupou o governo de São Paulo, que ele se esforça para se iniciar, e se aprimorar, na arte de falar com a mídia. Aprendeu de tudo. Como os repórteres esquentam ou aprofundam suas pautas, como é feita a edição das matérias de rádio e TV, como pensam e trabalham os jornalistas. Contou com um time de primeira linha: Alex Periscinotto, Carlos Brickmann, Ney Figueiredo e Duda Mendonça. Contudo, costuma cometer um pecado capital. O jornalista pergunta uma coisa, ele responde outra.

Por isso, ficou com a imagem desgastada.

O inferno do manipulador

Com o empresário é diferente. Não existe a menor abertura para esse tipo de recurso retórico. Certa vez treinei um empresário – vamos chamá-lo de M. – que não entendia duas coisas. Primeiro, por que ele não podia ler as entrevistas antes que fossem publicadas. Segundo, que ele precisava ser substantivo e se ater aos fatos.

Ele tinha um trauma. Falou demais numa entrevista e o jornalista aproveitou justamente o lado negativo, na opinião dele, para dar maior impacto à notícia. Tinha um outro trauma: voltou a falar demais e um jornalista de uma revista influente fez uma matéria mostrando as contradições de um profissional competente, mas que só sabia falar na primeira pessoa.

Verdade. M. era um personagem arrogante. Queria utilizar a mídia para fazer propaganda do seu negócio. Acabou nas listas negras das redações. Como manipulador.

Numa outra oportunidade, treinei um empresário que sabia ouvir. Tinha personalidade porque sabia ouvir. Vamos chamá-lo de N. Trabalha com agrobusiness. Um dia acordou com os jornalistas atacando-o como gafanhotos. Motivo: uma denúncia de trabalho escravo numa das suas fazendas no Rio de Janeiro. Deu a volta por cima. Organizou uma visita dos jornalistas com liberdade total para entrevistar e fotografar trabalhadores. Depois levou a governadora Rosinha Garotinho para almoçar no refeitório, também com os trabalhadores, e visitar a fazenda. Mas foi surpreendido por um pedido de entrevista de um grande jornal que queria tratar justamente do tema trabalho escravo.

Eu disse a ele: "cuidado. Cuidado com o conflito. Evite questões polêmicas."

Ele ouviu tudo em silêncio. Fez algumas perguntas. Deu um *show*. Como era amigo de Lula, a primeira questão foi: que críticas o senhor tem à política do presidente? Não fez crítica nenhuma. A seguir, veio a pergunta: a que o senhor atribui estar sendo processado pelo Incra? Ele sequer tinha sido informado oficialmente de processo algum. Foi claro: "Não sei. Mas as autoridades do Incra estão convidadas a visitar qualquer das minhas fazendas, sem aviso prévio, a qualquer hora." Também convidou o jornalista. A matéria foi publicada, sem que o jornalista tivesse visitado nenhuma das fazendas do entrevistado. Preferiu não fazê-lo, porque se fosse até lá perceberia que a matéria não passava de uma ficção. Produto da vontade de autopromoção das fontes do jornalista.

Mas o empresário N. foi vitorioso.

Por quê? Ele enfrentou o desafio da opinião pública, mesmo sabendo que o jornalista iria tentar julgá-lo, apressadamente. De um modo geral, é esse o problema de quem não faz *media-training*. Cai facilmente em armadilhas de um jornalismo que muitas vezes peca pelo uso "abusivo de elementos populistas na definição do enfoque das matérias", para citar uma constatação de Luís Nassif no imperdível *O jornalismo dos anos 90*. Emocionaliza os temas. Exagera nos seus medos ou nas suas verdades. Entra na entrevista com muita arrogância ou com a espinha exageradamente curvada. Esquece-se de que os fatos são maiores do que os argumentos. Mas a vantagem essencial do *media-training* é fazer bons profissionais para o diálogo com a mídia.

O trunfo de quem sabe

Lembro-me da primeira vez que ouvi falar das treze letras da preciosa expressão inglesa. Era editor da antiga *Revista Senhor*, dirigida por Mino Carta, e costumava entrevistar um executivo da área de informática do grupo Machline. Seu nome: Rego Gil. Costumava dar entrevistas perfeitas. Tinha os dados básicos do grupo sempre às mãos. Não abusava de jargões. Privilegiava a informação. Não fazia auto-elogios. Não abusava

60 | Comunicação Empresarial de A a Z

de opiniões. Nunca dizia "eu acho". Falava na medida certa. Cumpria horários. Não mentia. Não tentava fazer *lobby*. Enfim, um porta-voz de alto nível.

Um dia, quis saber como ele conseguia ser tão eficiente. Ele revelou o segredo. Como tinha trabalhado na IBM, fez muitos cursos de *media-training* nos Estados Unidos. Era obrigatório. Isto foi no princípio dos anos 80. Lá se vão quase duas décadas. Agora, é exigido do executivo que ele vá ainda além da competência para lidar com a mídia. Ele precisa ter a cultura de mídia. Que, em outras palavras, deve ser a cultura de respeito à opinião pública. Dizem os especialistas que este século será das empresas globais. Mas não será exatamente assim segundo os críticos da globalização. Neste século, a opinião pública tende a se afirmar como o 5º poder, neutralizando ou tentando neutralizar aqueles que, ao abrigo da liberdade de imprensa, difundem informações falsas, manipulam, conduzem campanhas de manipulação ideológica e muitos outros tipos de manipulação. Que pode ser intencional ou não.

Quem lida com informação tem um papel educativo junto à mídia. Às vezes a informação pode ser contaminada ou filtrada em função da própria ambigüidade do processo, marcado pela explosão e multiplicação de notícias vindas de toda parte em tempo real. Como quem alimenta o fluxo de informações são as fontes, estas é que darão também o tom do noticiário. Para se constatar o estágio em que estamos, basta ler os jornais. Há montanhas de lixo ditas por pessoas que poderiam, se estivessem preparadas, dizer coisas sérias, consistentes, construtivas.

Nesse particular, Schwarzenegger, eleito governador de um país chamado Califórnia (a sexta potência do mundo, com 35 milhões de habitantes), é um exemplo. Politicamente, pode ser comparado ao presidente russo, Vladimir Putin, ao americano, George W. Bush, ou ao premiê italiano, Silvio Berlusconi. Como comunicador, o Exterminador do Futuro é um ás. Soube agir no momento certo e reduzir a pó as acusações de assédio sexual e venceu uma eleição que esteve a ponto de fazer água. Dostoievski diz *nos Irmãos Karamazov* que "o inferno pertence àqueles que não sabem amar". Inspirados nas palavras do mestre russo, poderíamos dizer que o inferno das crises com a mídia pertence àqueles que desconhecem o sentido das treze letras da expressão inglesa – *media-training*.

O dia em que Cacciola fugiu*

O advogado estava um tanto tenso. Pensava em "convocar" uma coletiva. O ex-banqueiro e ex-dono do Banco Marka, Salvatore Alberto Cacciola, havia fugido do País. E a idéia era comunicar o fato à imprensa de modo a amenizar o impacto do noticiário que vinha sendo bastante negativo, obviamente.

Acusado de co-autoria de crime de peculato e de gestão fraudulenta, Cacciola, que por três décadas tinha construído um nome respeitável no mercado financeiro, agora estava ameaçado de penas pesadas. Por peculato, dois a doze anos de prisão. Por gestão fraudulenta, três a doze anos de prisão. O advogado estava preocupado com a forma como a fuga de Cacciola seria divulgada. Primeiro, porque tecnicamente ele não fugira.

Passou uma pequena temporada na prisão. Conseguiu um *habeas corpus* e saiu do País sem cometer – repito, tecnicamente – nenhum ato ilegal. Esta era a tese. A realidade do noticiário seria outra. Porque a verdade jornalística era uma só: a fuga. O ex-banqueiro se aproveitou do *habeas corpus* para deixar o País e se proteger de uma possível condenação. Além disso, havia um problema adicional: a mídia via Cacciola de forma bastante negativa. E advogado repetia: "Onde a imprensa entra por uma porta, a verdade sai pela outra".

O cenário estava armado para o conflito.

De início, sugeri duas coisas. Primeiro, que não utilizasse a palavra "convocar". Cheirava aos anos de ditadura. A imprensa não se "convoca", convida-se. Continua em moda essa história de *convocação*, mas é um erro. Depois, sugeri que não agredisse a imprensa com palavras.

A busca do conflito, por quê? O jornalismo é uma profissão de dualidades. A glória ou o fracasso caminham bastante próximos. Nada que parece sólido é sólido. Tudo pode se desmanchar no ar. Mas uma coisa é certa. Trata-se de uma profissão de convicção. Pode-se escrever contra ou a favor de um fato, mas faz parte dos ritos ouvir os dois lados. Pois, afinal, o jornalista é como o passageiro de um navio abarrotado de histórias que procura fazer com que circulem, às vezes interferindo na narrativa, às

---

Adaptado de artigo publicado originalmente na Revista Imprensa.

62 Comunicação Empresarial de A a Z

vezes deixando que os fatos falem por si. E naquele dia Cacciola, quisesse ou não, estava acuado.

Houve muita discussão. A equipe era formada por três comunicadores. Eu e mais dois colegas muito experientes. Um deles veio com a sugestão que mudaria o rumo da história. Em lugar de uma entrevista coletiva, por que não uma exclusiva para um grande jornal? Houve muita discussão. O advogado sacou um dossiê e foi mostrando as notícias, indignado: "É impressionante como se publicam coisas como estas!".

As explicações se sucediam por parte dos comunicadores. Em síntese, tentava-se mostrar que Cacciola estava muito na defensiva, que não falava com os jornalistas. Resultado: prevalecia exclusivamente a verdade da polícia, dos clientes, do Banco Central. Para quem não lembra da história, Cacciola acumulou perdas de até 95,2% nos fundos de derivativos na crise do dólar no ano 2000, mas foi ajudado pelo BC para não quebrar.

O escândalo ganhou a manchete dos jornais, ele foi preso e depois fugiu para a Europa via Uruguai. Fixou residência na Itália, deu entrevista à Rede Globo, escreveu um livro e, como era cidadão italiano, escapou da Justiça. O Banco Central, por sua vez, nunca conseguiu explicar o que aconteceu e o escândalo terminou em pizza. A alegação inicial foi de que a ajuda financeira ao Marka (e também ao banco FonteCindam) foi para evitar uma crise sistêmica. Em decorrência da crise do dólar, houve brutal desvalorização do real e os investidores viram suas economias virarem pó.

Enquanto as discussões avançavam, foi improvisado um rápido *mediatraining* com o advogado, aliás um profissional dos mais experientes, muito culto, mas sem cultura de mídia. Estava se deixando levar mais pela emoção do que pela razão, e isto em hipótese alguma deve acontecer. A entrevista é um jogo de inteligência, não um duelo entre rivais irados. O advogado seguiu o receituário da comunicação à risca.

O jornal escolhido pela equipe de comunicação foi *O Globo*. Convite feito, convite aceito. Preponderou a sedução da exclusividade. A entrevista não poderia ter sido melhor. Sóbria. Objetiva. Cordial. No dia seguinte, a manchete do jornal, é evidente, falava da fuga do ex-banqueiro. Mas para Cacciola foi uma vitória. Pela primeira vez, a sua versão aparecia num veículo da grande imprensa, com detalhes.

O advogado explicou com precisão qual a versão de Cacciola e fez uma vigorosa defesa da sua inocência. Nunca soube como Cacciola fugiu do País. Sei apenas que, naquele dia, ele lavrou um tento em termos de comunicação, mesmo estando ausente. E, o que é pior, numa situação embaraçosa. O que quero dizer é que técnica e politicamente ninguém deve fugir da mídia. Se existe um problema, que este seja enfrentado, cara a cara com a imprensa. Sem emocionalismos, sem preconceitos, sem falsos temores.

O jornalismo investigativo não é um fenômeno recente, mas modernamente data do episódio de Watergate, que resultou na renúncia de Richard Nixon. A partir daí, os jornalistas americanos deixaram de cultivar cumplicidade com o poder para assumir um papel fiscalizador. A tolerância, instaurada com Kennedy, foi decrescendo. E o fenômeno ganhou corpo por toda parte.

No Brasil, o papel da imprensa tem sido alvo de grandes, e intermináveis, polêmicas. Mas uma coisa é certa: a imprensa vem exercendo o seu papel de defesa do cidadão e da democracia. Pode errar, mas os acertos são maiores que os erros. Portanto, não caminha para uma cultura inquisitorial, mas sim para uma prática saudável de crítica e diálogo. O dia em que Cacciola fugiu foi bem emblemático desta nova realidade.

O valor da justiça[*]

Num livro célebre, *Dez dias que abalaram o mundo*, o jornalista John Reed reproduz um diálogo que travou em 1917 com um anônimo revolucionário bolchevique em Leningrado.

— Quem detém o poder na União Soviética? perguntou Reed, que era amigo de Lênin, mas naquele momento corria perigo de vida.

O bolchevique em questão, um camponês que não sabia ler, não conseguia decifrar o teor de um salvo-conduto assinado pelo chefe da revolução comunista e hesitava em fuzilá-lo por ser americano.

---

[*] *Adaptado de artigo publicado originalmente na revista* Justiça & Cidadania.

64 Comunicação Empresarial de A a Z

– O povo – disse o revolucionário. E nos Estados Unidos?
– A Justiça – respondeu Reed, que acabou sendo salvo pelo bom senso do anônimo revolucionário.

Em lugar de fuzilá-lo, o bolchevique resolveu encontrar alguém que soubesse ler e o impasse chegou ao final feliz, exatamente como nos filmes americanos.

Ética e concorrência

A resposta de John Reed – testemunha ocular também da Revolução Mexicana do alvorecer do século 20 – é muito atual e útil para a realidade brasileira. Há muitas críticas ao Poder Judiciário. Algumas são procedentes. Outras não. Mas não é esta a novidade. Quem lê os jornais logo percebe um patente paradoxo. A Justiça está na base da democratização brasileira. Sem a coragem de juízes e promotores públicos, por exemplo, não teriam sido punidos crimes de tortura praticados durante o ciclo militar, não teriam vindo à tona múltiplos crimes de corrupção e não haveria intensa mobilização pela ética na política e na concorrência entre empresas.

Basta citar um exemplo que passou desapercebido. Trata-se dos crimes de pirataria. No início do ano de 2003, existiam algo como seis dezenas de liminares na área de combustível que favoreciam empresas antiéticas. Ou seja, empresas que compravam combustível sem pagar impostos, graças às liminares, e inundavam o mercado com combustível muitas vezes falsificado, tirando partido da sonegação como diferencial competitivo. Pois bem: em dezembro, existiam apenas duas liminares. Tudo porque a Justiça foi receptiva à argumentação do sindicato das empresas distribuidoras e passou a decidir em bases cada dia mais orientadas por critérios técnicos.

Foi um trabalho colossal. Um entendimento amplo que envolveu tribunais e magistrados do País inteiro. Venceu a sociedade. Perderam os piratas, nome que soa como um eufemismo, pois a palavra correta seria falsificadores. Exemplos como esse se sucedem ao infinito. Outro paradoxo é que, sem a ação coerente da Justiça, o País não estaria oferecendo segurança ao capital e ao trabalho. Também, desde o ciclo militar a Justiça tem se portado como uma espécie de alicerce maior do entendimento, aproximando verdades, dirimindo conflitos e assegurando o direito de reunião e, inclusive, de greve. O presidente Luiz Inácio Lula da

A Arte do *Media-Training* | 65

Silva certamente daria um depoimento vivo e educativo do papel da Justiça nos tempos da abertura lenta e gradual do presidente Ernesto Geisel.

A lei como rotina

Enfim, democracia, ética e justiça são sinônimos no Brasil deste início de século de tantos conflitos. Se olharmos pela ótica das relações da mídia e da sociedade, vamos encontrar o Poder Judiciário colocando um ponto final na guerra de dossiês e "grampos" que, quando não autorizados legalmente, são despojados de significado jurídico e, conseqüentemente, de informação. O quadro se enriquece com o fortalecimento do direito do consumidor que, caso se sinta lesado, tem na Justiça o seu porto seguro.

Existem exceções. Mas a verdade é que o cumprimento da lei passou a ser quase rotina. É muito difícil, nos dias atuais, uma empresa que encare com seriedade a sua imagem e reputação não pensar duas vezes antes de ferir a lei. Se descobertas, caem em descrédito, sofrem pesados prejuízos. Então, qual seria a novidade? O Poder Judiciário tem dificuldades de comunicação. Seus porta-vozes desconhecem os mecanismos de funcionamento da mídia e suas conexões com a opinião pública. Daí, deixarem que os fatos negativos preponderem sobre os fatos positivos.

Não é um caso isolado. O poder público sofre do mesmo mal.

Uma distorção antiga

Da Colônia ao Império, do Império à República, o princípio fundador da formação da opinião pública, por parte do Estado, alicerçou-se na manutenção de privilégios. O resultado é que se criou um conceito de que as relações entre capital e trabalho têm que ser necessariamente amistosas. Que é perfeitamente normal a "aquisição de certo gênero de vantagens pessoais" por intermédio de indivíduos que exercem funções públicas importantes. Que as fronteiras entre o público e o privado se misturam com naturalidade, ao invés de separar-se nitidamente.

Mesmo quando o Estado começou a modernizar-se, a comunicação, arte poderosa e frágil, permaneceu prisioneira do passado. Agora, democratizar a comunicação tornou-se um imperativo permanente, porque é o caminho seguro para o diálogo produtivo do Estado consigo mesmo e com o cidadão, que deixou de ser uma abstração, tornando-se participativo. O Poder Judiciário é parte indissociável desses avanços e precisa tornar visível a sua ação construtiva. Como fica evidente no diálogo entre John

Reed e o bolchevique que não sabia ler, a Justiça é a fonte permanente de liberdade e da valorização da vida.

Voltaire em Santa Catarina*

A ciência e tecnologia precisam conquistar a opinião pública seguindo o exemplo do que fez o filósofo Voltaire, o seu propagandista maior nos idos do Iluminismo.

Em Florianópolis, durante um *media-training*, conheci um empresário que coleciona recortes de jornais sobre filas em bancos. Ele vende aparelhos de medição de filas e faz do noticiário uma peça de marketing. Do noticiário e dos direitos do consumidor. Na mesma ocasião, conheci outro empresário que imaginava associar serviços de comunicação empresarial aos pacotes de inovações que vendia aos clientes. Assim, acreditava poder realçar o diferencial competitivo das empresas, torná-las mais lucrativas e, como desdobramento, vender mais os seus produtos. Foram dois dias de trabalho e o elo em comum das perguntas era o seguinte: pode uma pequena empresa dispor de uma assessoria de comunicação?

Vale lembrar que esse mesmo grupo de empresários, todos jovens, todos da área tecnológica e todos em fase de consolidação dos seus negócios, há alguns meses se mostrava bastante refratário a lidar com a mídia. Talvez por entender que apenas as grandes empresas podiam ter acesso aos jornais ou porque não dispunham de recursos para investir em comunicação. O tempo passou e eles agora estão descobrindo que não é tão difícil assim ocupar espaço nos jornais e, melhor, fazer da mídia uma aliada. Claro, existem diferenças entre uma grande empresa e uma pequena empresa quando se trata de montar uma assessoria, treinar porta-vozes, enfim, fazer um planejamento estratégico.

Uma grande empresa, por exemplo, pode se dar ao luxo de programar *media-trainings* para todo o corpo de funcionários, das secretárias aos executivos principais, dos seguranças aos gerentes, isto dentro do conceito de comunicação total. Na empresa de menor porte, é diferente. O porta-voz geralmente é o próprio dono ou um sócio e as verbas, por

---

Adaptado de artigo publicado originalmente na Revista Imprensa.

A Arte do *Media-Training* | 67

serem escassas, medidas a conta-gotas. Porém, esses obstáculos não inibem uma comunicação de qualidade, nem impedem um trabalho de relacionamento consistente com os jornalistas e formadores de opinião.

Pelo contrário. Se a empresa pretende crescer, o melhor caminho é cuidar desde o início da comunicação. Nesse aspecto, a área tecnológica é emblemática. Pois vive uma crise de novo tipo. Ou seja, não está envolvida em nenhum escândalo que possa prejudicar sua imagem perante a opinião pública. Simplesmente, é um pedaço da economia que pouco aparece na mídia. Quase uma miragem. Certamente, para o brasileiro tecnologia é algo monopolizado pela Europa ou pelos Estados Unidos. Quando a verdade é outra: há mais de meio século o Brasil vem evoluindo em bases significativas, mas falta apoio da opinião pública para que se façam avanços maiores.

Na Europa dos séculos 18 e 19, escritores e jornalistas se aliaram para divulgar a ciência e a tecnologia. Voltaire foi o seu divulgador supremo. Exilado em Londres num certo período da sua vida, encantou-se com os progressos científicos (representados por Newton) e a nova filosofia liberal (leia-se Locke). O resultado é que se tornou um devotado propagandista das novas tecnologias e da democracia nas suas peças, romances, panfletos, cartas abertas, resenhas críticas... Em muito contribuiu para que a luz da razão preponderasse sobre os preconceitos do clero e os interesses mesquinhos de governantes que começavam a perder o poder naquele momento em que o Iluminismo, avassalador, conquistava adeptos e o *ancien regime* ruía.

Guardadas as proporções no tempo e na história, a ciência, a tecnologia e a inovação vivem na atualidade um novo ciclo de ascensão. No Brasil, os pólos de alta tecnologia se multiplicam e o Ministério da Ciência e Tecnologia vem executando um construtivo trabalho de incentivo à inovação, de valorização da integração universidade-empresa e de apoio a empresas nascentes. Resta fazer as realizações ganharem o grande público. Em parte, para eliminar (ou superar) o preconceito herdado dos idos do regime militar. Como foram os militares que deram a partida no programa tecnológico brasileiro, os avanços acabaram sendo encobertos pelo véu espesso das idiossincrasias ideológicas. Em parte, para despertar o interesse da mídia e entronizar a questão tecnológica na pauta dos grandes temas nacionais.

Em Santa Catarina, o treinamento dos empresários foi uma iniciativa do

Centro Empresarial para Laboração de Tecnologias Avançadas, a maior incubadora de empresas nascentes da América Latina. Foi o ponto de partida para um programa de treinamento periódico em diferentes campos da atividade empresarial. A sensação que ficou foi que o espírito de Voltaire começa a influenciar jovens empreendedores a divulgar suas ações e ver na mídia uma parte indissociável do êxito das suas empresas. É um exemplo a ser seguido num momento em que o País precisa de multidões de Voltaires para demonstrar que o desenvolvimento sustentado é necessário e perfeitamente viável.

Capítulo 2

O Impasse
da Comunicação Pública

"Elementar, meu caro Watson."
Arthur Conan Doyle

"O governo, disse um vendedor ambulante, tem que mostrar planos, tem que mostrar trabalho, realização, mudança. Só isso justifica morar num palácio e andar de carro oficial."
Roberto da Matta

As mudanças precisam começar*

Os jornais da manhã chuvosa de seis de fevereiro estão tomados por notícias carregadas de simbolismo. Registram as manchetes:

- "Vítimas de enchente recebem Marta com lama"
- "Nestlé suspende investimento no Espírito Santo"
- "Parmalat do Brasil diz que venderá parte das unidades"
- "Após 33 anos, sai indenização por tragédia"

Cada uma traz uma mensagem dolorosa a inspirar debates e reflexões. A prefeita Marta Suplicy, mais uma vez, revela coragem. Seu carro, um Ômega blindado, está nas primeiras páginas, cercado por populares hostis. Um deles, morador de Aricanduva, disse: "Ela veio aqui no dia errado. O povo está revoltado, queriam até linchar a mulher. Veio aqui pra quê, pra apanhar?" Marta: "Não fui recebida com lama, mas com desespero. Estou aqui para dar solidariedade." O drama das chuvas é uma metáfora cristalina do histórico descaso da área pública para com o cidadão: repete-se ano após ano, sem que nada mude.

O noticiário em torno da Nestlé e do escândalo da Parmalat revela faces de uma mesma moeda. Um mostra a reação do empresariado à burocracia asfixiante. Pressionada pelo CADE – Conselho Administrativo de Defesa Econômica, que anulou a compra da fábrica de chocolates Garoto, a Nestlé revidou e suspendeu investimentos de R$ 150 milhões no Espírito Santo. Perde o trabalhador, perde o Estado, perde o País. Aposta-se no conflito em lugar da convergência.

A outra notícia mostra um fato positivo: o rosto deprimido do presidente da Parmalat, Ricardo Gonçalves, durante depoimento na Câmara, é o retrato de que a impunidade não mais grassa soberana. Há controle por parte do parlamento e do Judiciário para crimes empresariais. Não chegamos ao patamar da justiça italiana, mas há avanços. O capitalismo social revela a sua face e transmite esperanças. A marca Parmalat, se sobreviver, terá de enfrentar um longo inverno até resgatar sua reputação, aliás das melhores no passado recentíssimo.

Por fim, a notícia da indenização. Diz o texto: "Trinta e três anos depois

---

*Adaptado de artigo publicado originalmente na revista Justiça & Cidadania.

O Impasse da Comunicação Pública | 71

do desabamento de uma laje durante a construção do Parque de Exposições da Gameleira, em Belo Horizonte, provocar a morte de 65 pessoas, a Justiça de Minas condenou uma empresa de engenharia e o Estado a indenizarem parentes e vítimas da tragédia..." (*O Estado de S. Paulo*).

Essa notícia é, sem dúvida, o que há de mais emblemático na tragédia brasileira dos dias atuais. Enfrentamos os obstáculos da inaceitável morosidade da Justiça com conformismo e complacência. Segundo estudo do Banco Mundial, publicado pela revista *Veja*, ocupamos nesse particular a 30ª posição no *ranking* mundial.

Houve tempo em que nos orgulhávamos de recordes positivos: o maior estádio do planeta, a melhor seleção do planeta, o país que exibia as maiores taxas de crescimento do planeta. Agora, estamos caminhando na trilha inversa. Batemos todos os recordes nas taxas de juros, nas desigualdades sociais, na insegurança para investidores, na violência, na burocracia que paralisa a abertura de empregos... Bem, o país do futuro está se transformando no país do passado. Talvez por culpa do ciclo militar, que ampliou os dilemas de incomunicabilidade e distanciou ainda mais o poder público do cidadão, um fenômeno que só vem se agravando desde a proclamação da República. Talvez por algum atavismo não extirpado desde os idos da Colônia.

Isto explica, de qualquer forma, por que, no momento em que volta ao temário nacional o debate da reforma do Judiciário, é esgrimida a tese do controle externo desse mesmo poder. Sábias as palavras do vice-presidente do STF, Nelson Jobim: "Hoje precisamos responder pelos custos. Nada é de graça, e quem paga é o contribuinte (...) Não vejo nenhuma possibilidade de que o conselho não seja aprovado. É uma necessidade para a formulação de uma política judiciária nacional."

O que se depreende do noticiário é que comunicar é preciso para que a Justiça consiga o apoio da sociedade. Faltou nesses anos de redemocratização sensibilidade – ou determinação – para exibir indicadores concretos de eficiência. É assim com a Justiça e todo o aparelho de Estado. Predomina um sentimento de torre de marfim e de intocabilidade. Nada mais fora do lugar.

Se tivéssemos um Poder Judiciário moderno, certamente a população de São Paulo poderia ir mais além da solidariedade da destemida prefeita. Poderia acionar a Prefeitura na Justiça e receber, no tempo devido, as justas indenizações. A Nestlé certamente poderia recorrer a uma instância superior ao CADE e superar limitações que só ocorrem porque o Estado tende a exibir zelo colonial nas relações com a iniciativa privada – o excesso de controle –, esquecendo o principal, o investimento.

Não se pode admitir que alguém leve mais de três décadas para receber uma indenização, quando o mínimo atraso no pagamento de uma duplicata implica uma avalanche de juros e demais punições. Por que tem que ser assim? Dois pesos e duas medidas, o avesso dos países desenvolvidos. A Justiça é o único meio para corrigir tais desequilíbrios. Justiça forte, eficaz e ágil significa país moderno e modernizador. Um último lembrete: circulam na mídia comparações do Partido dos Trabalhadores com o esclerosado PRI (Partido Revolucionário Institucional) mexicano.

Os que advogam a tese reclamam do aparelhamento do Estado, da manipulação dos sindicatos e da submissão da imprensa. Podem estar corretos nos dois primeiros itens. Contudo, erram no julgamento da imprensa. Em lugar da submissão, o que se vê é rápida escalada crítica, tendo o cidadão e a sociedade como parâmetro.

Tudo termina. Tudo recomeça. Por parte do poder público, o espetáculo da mudança ainda está para começar, se o critério for o que os jornais comunicam diariamente a partir dos fatos.

Do fato e da imagem*

Os estrategistas de comunicação do presidente Bush jamais esquecerão os desdobramentos do ataque terrorista do dia 11 de setembro de 2001. Além do desafio de transmitir confiança à população naquele momento dramático, tiveram de municiar o presidente para a guerra santa contra Osama Bin Laden e seus seguidores. Na escolha das palavras chaves predomina uma miríade de cuidados especiais. Primeiro, que Bush fale com naturalidade, em tom coloquial. Segundo, que ele não transforme a guerra contra o terror numa guerra da civilização contra a barbárie. E, terceiro, que ele manifeste honestidade de propósitos. Por trás de tantos cuidados, um objetivo claro: conquistar apoio político dos americanos e da comunidade internacional para a guerra.

---

*Adaptado de artigo publicado originalmente na Revista Imprensa.

O Bush que se vê falando à mídia é real ou um produto dos fazedores de imagem da Casa Branca? A resposta à questão soa irrelevante quando se constata que o importante é saber aonde a imagem do presidente, real ou não, poderá levá-lo. Na teoria e na prática, a comunicação pública diz respeito diretamente ao poder. Nela, a linguagem transita facilmente entre a informação factual, o discurso ideológico e a propaganda.

Até o ataque terrorista, Bush não costumava, segundo o *The New York Times*, se reunir mais do que duas vezes por semana com seus conselheiros de comunicação. Agora, a rotina mudou: a comunicação tornou-se tão essencial quanto o encontro com os conselheiros de segurança, a tropa da espionagem e os congressistas. No tiroteio verbal, não há saídas alternativas: ou se sai vitorioso ou se é derrotado. A palavra comunicar tem suas origens no latim *communicare,* que significa partilhar, democratizar. Contudo, com a mesma rapidez com que a opinião pública constrói imagens, pode derrubá-las.

No Brasil, ao contrário dos Estados Unidos, a comunicação pública tem uma longa história de manipulações para contar. Na ponta dos casos desconhecidos, pode-se citar a Carta Brandi, que trouxe a público, e causou comoção, um acordo denunciado por Carlos Lacerda, mas que nunca existiu, entre o então vice-presidente João Goulart, o sindicalismo varguista e o sindicalismo peronista. Pode-se citar um suposto plano comunista de tomada do poder descoberto pela imprensa, nas vésperas do Estado Novo, mas que não passou de um devaneio do futuro general Olympio Mourão Filho. E há ainda as cartas, em número de duas, supostamente assinadas por Arthur da Silva Bernardes, presidente da Província de Minas Gerais e candidato à Presidência da República. O fato aconteceu nos anos 20, no governo de Epitácio Pessoa. O papel, a tinta, a assinatura, nada era verdadeiro. Salvo o impacto que causaram (quase uma revolução) os impropérios contra o marechal Hermes da Fonseca, que, à época, tornara-se novamente presidenciável.

Entre os acontecimentos recentes, alinha-se um exemplo do presidente Fernando Henrique Cardoso. Eleito duas vezes, teve dificuldade em divulgar suas realizações. Mas revelou-se muito hábil em lidar com a crise de energia. Conseguiu preservar sua figura das críticas pela omissão do Estado nos planos de expansão e, o que é melhor, logrou acuar os investidores com estocadas explícitas, delimitando um posicionamento forte.

Ou se estava com o governo na cruzada patriótica pela regularização da oferta de energia ou se estava contra. Com seu posicionamento, o presidente criou um clima de otimismo e reverteu o ceticismo.

O desafio de Bush é diferente no conteúdo, a começar pelas dimensões do drama do ataque terrorista, e parecido na forma. Como no exemplo do presidente brasileiro, o que está em jogo é o caráter da comunicação. Se for um mero espetáculo, não passará de um ritual provisório condenado ao fracasso. Se for um processo coerente, destinado a dar alicerce a uma estratégia de ação, certamente saberá se renovar e evoluir, dando forma a uma aura de credibilidade ao presidente Bush. O grande enigma é como enfrentar um efeito colateral trazido à luz pelo ataque terrorista. De repente, o mundo inteiro passou a conviver com as imagens da pobreza – um eufemismo para evitar a palavra miséria –, do Afeganistão. Fica a questão: como conseguir que a opinião pública internacional, e inclusive americana, passado o momento inicial de justificada revolta, fique em silêncio diante do massacre de gente pobre e faminta, que parece saída da pré-história da humanidade, em nome de uma cruzada antiterror? É a resposta a essa questão, ainda desconhecida, que, certamente, tira o sono dos estrategistas de comunicação da Casa Branca e seus aliados.

A linguagem da contradição inútil*

No mundo empresarial, os acertos ou erros da comunicação se refletem nos lucros que se realizam ou que se deixam de realizar. No campo da política, o que está em jogo, a depender da qualidade da comunicação, é o inflexível termômetro da credibilidade.

Os choques entre os fatos anunciados e a realidade prática dos primeiros momentos do governo Lula sugerem pura e simplesmente que a credibilidade mais cedo ou mais tarde, a persistirem as contradições, tende a perder terreno e ser substituída pela precariedade da realidade virtual, produto apenas da criatividade do marketing e da publicidade.

Desde a posse, a todo instante o governo teima em se contradizer. O

Adaptado de artigo publicado originalmente na Gazeta Mercantil.

ponto de partida foi o Programa Fome Zero. O presidente prometeu ir a Guaribas, no Piauí, tido como o município mais pobre do País. Não foi. Sob a justificativa da dificuldade de acesso, aliás inexistente, esgrimida pela segurança, ficou em Teresina, distante 653 quilômetros, e visitou a Favela Irmã Dulce, de fácil acesso.

Não foi um episódio isolado. Logo após a posse, em entrevista ao jornal *O Globo*, o subchefe da segurança do Planalto criticou o presidente Lula por se expor demais. Numa empresa privada, perderia o cargo e o emprego. Onde existe cultura de comunicação, subordinado não puxa a orelha do chefe em público. É uma regra básica e elementar. Nesse caso específico, ficou a dúvida: o estilo do presidente, notoriamente popular e avesso à liturgia tradicional do poder, terá de se adaptar à segurança ou será o contrário, a segurança terá que se adaptar ao estilo do presidente?

Surpreende, mas é inescapável. Há um grande desencontro no discurso oficial. Os ministros e membros do gabinete às vezes se comportam como se pertencessem a governos diferentes e os desmentidos se sucedem. Exemplo prático: o ministro da Previdência falou que a reforma que pretende apresentar para o setor não distingüia civis de militares e, a seguir, voltou atrás. Protagonizaram situações semelhantes quase todos os ministros, com maior ou menor intensidade: a linguagem da contradição inútil.

Um imperativo permanente*

> "No Brasil, pode-se dizer que só excepcionalmente tivemos um sistema administrativo e um corpo de funcionários puramente dedicados a interesses objetivos e fundamentados nesses interesses. Ao contrário, é possível acompanhar, ao longo da nossa história, o predomínio constante das vontades particulares que encontram seu ambiente próprio em círculos fechados e pouco acessíveis a uma ordenação impessoal."
> **Sérgio Buarque de Holanda, *Raízes do Brasil***

Arte poderosa e frágil, ocupando posição central no relacionamento governo-sociedade, a comunicação pública no Brasil ainda se encontra muito

---

Adaptado de artigo publicado originalmente na Revista Imprensa.

76   Comunicação Empresarial de A a Z

distante do dia em que falará a linguagem da democratização da informação e, como desdobramento, tornará visível o papel do Estado como fornecedor de serviços à Nação. A sua história é pontilhada de manipulações, omissões e, em especial, da extrema dificuldade de separar o que é marketing político daquilo que é de efetivo interesse do cidadão. Seu *status* problemático foi bastante evidenciado, por exemplo, na década de 80, quando o fantasma da hiperinflação rondava a economia e nada se fez para amenizar sua assídua presença no noticiário, o que em muitos sentidos só contribuiu para agravar o drama.

No governo Fernando Henrique Cardoso, em que pesem as imperfeições e atropelos, o tema mudou de enfoque. É emblemático o fato de que o ministro Malan tenha sempre enfatizado a estabilidade monetária como uma conquista inescapável, sem admitir, em hipótese alguma, o retorno à época dos pacotes econômicos. Não é de surpreender que colhesse o que semeou: uma imagem de credibilidade e confiança junto à população e à comunidade internacional.

Agora, a discussão sobre a propensão a encarar a comunicação pública com seriedade ganhou um novo aliado com o olhar de 18 jornalistas sobre a era FHC, cada um se propondo a desvendar um tema chave, do ajuste fiscal ao consumo e distribuição de renda, da reforma agrária à política industrial e tecnológica.

O livro, dividido em dois volumes, coordenado pelos sociólogos Rubens Figueiredo e Bolívar Lamounier, tem como matéria-prima o cristal dos fatos. Assim, *A era FHC: um balanço* acrescenta aos seus méritos uma segunda questão: os limites da comunicação pública. A obra está centrada no que realmente aconteceu, retratando o alcance das suas potencialidades, propondo questionamentos e fugindo do círculo vicioso da autopromoção.

Historicamente, os vícios da comunicação pública se identificam com os vícios da formação do Estado brasileiro. Patriarcal, elitista, avesso à transparência, este se encarregou de fazer da comunicação um instrumento de exercício do poder autoritário e de exclusão, sem muitos cuidados em dar forma a uma retaguarda ética e, acima de tudo, tornar-se um ponto de referência inabalável nas discussões públicas e nas controvérsias privadas. Da Colônia ao Império, do Império à República, o princípio fundador da formação da opinião pública, por parte do Estado, alicerçou-se na manutenção de privilégios.

O resultado é que se criou um conceito de que as relações entre capital e trabalho têm de ser amistosas. Que é perfeitamente normal a "aquisição de certo gênero de vantagens pessoais" por intermédio de indivíduos que exercem funções públicas importantes. Que as fronteiras entre público e privado se misturam com naturalidade.

Mesmo quando o Estado começou a modernizar-se, a comunicação permaneceu prisioneira do passado. Um exemplo recente: o Proer, o programa que saneou os bancos no País. Se visto à luz da atualidade, foi um êxito total, uma vez que assegurou a estabilidade do sistema. Basta ver o que aconteceu na Argentina. Pesquisas indicam que a imagem dos bancos levará pelo menos uma década para se recuperar. O confisco dos depósitos levou a maioria das pessoas a querer se afastar do sistema, aliás prática que predominava antes da dolarização. Ao contrário dos brasileiros, que nunca desconfiaram da segurança dos bancos, os argentinos preferiram guardar seus dólares embaixo do colchão. Mas a verdade é que, entre nós, o Estado nunca soube tirar partido dessa medida acertada. Pelo contrário, manteve uma posição discreta, acanhada mesmo, talvez fruto da insegurança quanto à sua própria capacidade de vencer contradições, liberar-se do hermetismo e travar um diálogo consistente com a sociedade. No fundo, a prática de uma comunicação distorcida cria um certo complexo de inferioridade para comunicar coisas positivas. Exemplos do passado: a independência em relação a Portugal, as conquistas liberais, a proclamação da República, enfim, os avanços sempre aconteceram de surpresa, sendo recebidos pela grande massa com displicência ou hostilidade. A célebre carta de Aristides Lobo sobre o 15 de novembro é emblemática: "Por hora", dizia o condestável mentor do novo regime, "por hora a cor do governo é puramente militar e deverá ser assim. A massa do povo ficou indiferente a tudo, parecendo perguntar como o burro da fábula: Não terei a vida toda de carregar a albarda?" O termo *Albarda*, usado por ele, significa sela grosseira, própria para o lombo das bestas, opressão, tirania... Não poderia escolher palavra melhor para definir a incomunicabilidade.

Hoje, democratizar a comunicação tornou-se um imperativo permanente, porque é o caminho seguro para o diálogo produtivo do Estado consigo mesmo. Além de constituir um importante instrumento para a transparência administrativa, a comunicação pública irá contribuir muito para equilibrar a racionalidade das normas burocráticas com o funcionamento igualitário do exercício do poder.

Como o cidadão deixou de ser uma abstração, tornando-se a cada dia mais participativo, e o poder do voto elege e destitui os governantes, a credibilidade, aliada à capacidade de informar como é feita a gestão da coisa pública, ganha a força de um necessidade básica. Pois o Estado, mais do que um espelho da legislação, é o efetivo responsável por levá-la à prática, sem discriminações ou preconceitos de qualquer natureza. Ou seja, a lealdade do Estado não é para com grupos de interesses, mas para com a sociedade, o seu verdadeiro cliente.

A partir desse posicionamento é que poderá construir pontes seguras a interligar governantes e a burocracia estatal – no sentido amplo – com as demandas sociais, corrigindo desigualdades e promovendo o bem-estar comum. E, também, incentivar uma atitude positiva por parte da mídia, sem ceder à tentação de dividir os jornalistas em inimigos e aliados. Contam que Alexandre, o Grande, no curso de uma terrível batalha, divisou ao longe um mensageiro. Pelos trajes, identificou-o como portador de más notícias. Tomou o cuidado de afastá-lo da tropa para que não prejudicasse seu moral. Vencida a batalha, Alexandre fez divulgar a mensagem, que falava de rebeliões em algumas cidades do seu imenso império. O exemplo de Alexandre mostra que notícias ruins devem ser divulgadas da mesma forma que as notícias boas. O ponto de interrogação é sempre a estratégia a seguir. Pois a comunicação pública muitas vezes é como um círculo onde, estranhamente, pode-se ter imensas dificuldades para encontrar o centro.

A roleta-russa da lei*

"Como a rua é enganosa: é impossível ver o que se passa verdadeiramente na cidade, o sofrimento, o amor e a morte."
Edgar Morin

Na minha frente, um empresário envolvido num grande escândalo chora emocionado. Conta sua desgraça:

– Eu tinha um jatinho. Perdi. Morava numa casa grande e confortável no

---

*Adaptado de artigo originalmente publicado na revista Justiça & Cidadania.

O Impasse da Comunicação Pública | 79

Jardim Europa. Perdi. Fui expulso do clube que ajudei a fundar. Todas as minhas contas foram bloqueadas, até a poupança dos meus filhos. Engordei mais de dez quilos. Vivo correndo atrás de advogados. Tomo remédios para me acalmar. Fiquei preso alguns meses. Mas o pior é que ninguém quer ouvir a minha versão. É como se eu não tivesse direito de me defender. Me sinto como um fantasma.

A fala de A. (como é meu cliente, tenho que manter o sigilo do seu nome) veio logo no início da conversa. Não nos conhecíamos. Ou melhor, eu o conhecia pelo nome. Não por causa do escândalo, mas por causa de uma entrevista, bastante corajosa, que ele dera uns cinco anos antes na *Folha de S. Paulo*. Na crise, fez o que poucos fazem: foi para a linha de frente da mídia contar sua história, em lugar de fugir. Fiquei com aquele fato na memória e passei a ter dele uma visão positiva. Ele me conheceu através de um amigo comum. A idéia dele era conseguir tornar visível sua visão dos fatos, pois tinha pilhas de documentos a seu favor.

O escândalo não compensa

A impunidade não existe. Pode existir, sim, a impunidade jurídica, mas mesmo essa é relativa. Quando tem os bens bloqueados, o envolvido num escândalo fica prisioneiro de uma camisa-de-força violenta. Não pode se mexer. Em conseqüência, seus ativos se desvalorizam. Não pode pagar dívidas. Não pode fazer novos negócios. Não pode usar cartão de crédito. Não pode usar cheques. Às vezes fica sem dinheiro sequer para pagar a mensalidade de um clube. Ou a escola dos filhos.

Uma tragédia. Ter os bens bloqueados é como ser condenado ao ostracismo na antiga Grécia. O personagem se torna invisível. Habitante de um mundo paralelo àquele dos mortais comuns. São raros aqueles que conseguem uma reabilitação. E, quando conseguem, ficam estigmatizados. Mas há outras formas de punição, também pouco visíveis. Uma delas são as prisões temporárias. Um dia ou seis meses de prisão pesam muito. E como pesam! Geralmente, quem se envolve num escândalo tem no inconsciente a certeza de que não será punido. Ledo engano. Daí, o impacto da prisão ser maior.

Nos tempos em que fui editor da *IstoÉ*, fiz uma reportagem sobre o *impeachment* do presidente Collor, que nunca vou esquecer. Tratava do *impeachment* social. A elite de Brasília apeou Collor do poder antes do Congresso. Como? Rejeitando ícones como o uísque Logan, as gravatas

80 | Comunicação Empresarial de A a Z

Hermés, as canetas Waterman, o Petit-licorelle, os charutos Hoyo de Monterrey. E, assim, sucessivamente. Os estoques de mercadorias típicas da era collorida eram rifados em liquidações a preços muito baratos. Uma loucura.

É exatamente o que vem acontecendo com aqueles que caem nas malhas da lei. Como no Brasil as desigualdades são abissais e há muito ressentimento contra os ricos e famosos, quase nunca se pára para analisar se o acusado é realmente culpado ou não, em que medida é culpado ou se ele tem algo a dizer. A desconfiança começa pela mídia e se propaga pelo tecido social como uma dessas enchentes que devastam cidades brasileiras no verão e no inverno. Há em tudo isso, em termos psicanalíticos, um primitivo desejo de matar o acusado. O pensamento que funciona é esse: é preciso eliminá-lo. Quanto antes melhor.

Uma justiça de novo tipo

É nesse contexto que o caso Waldomiro Diniz – o assessor do ministro José Dirceu que foi filmado pedindo propina a um bicheiro – precisa ser visto e analisado. Como ele, existem muitos outros. Todos foram punidos pela opinião pública muito antes da punição judicial. O caso mais emblemático envolve a dupla Paulo César Farias e Fernando Collor de Mello. O primeiro pagou seus erros com a vida. O segundo ficou uma década sem direitos políticos e não conseguiu se eleger pelo seu Estado natal, Alagoas. Um drama que deve consumi-lo pessoalmente.

O caso Waldomiro Diniz é sedutor porque traz um velho ensinamento que ganha nova atualidade: as crises precisam ser debeladas no nascedouro. Basta ler a revista *IstoÉ* de 25 de fevereiro de 2004 para fazer a constatação: desde julho do ano anterior a mesma revista tinha revelado "as relações comprometedoras de Waldomiro Diniz com expoentes do jogo legal e ilegal". O ministro José Dirceu cobrou explicações, mas Waldomiro "negou que tivesse relações com bicheiros e contraventores eletrônicos". O acusado "chegou a pedir por escrito a punição dos repórteres e a colocar à disposição das investigações os seus sigilos bancários". Ficou o dito por não dito. "Foi tudo jogo de cena", na definição da revista.

A realidade provou que não adianta desviar o foco para a suposta culpabilidade da imprensa pela denúncia dos escândalos. O poder, seja qual for a sua coloração ideológica, cultiva o vício stalinista de não querer compreender o outro, de acusar de "má-fé" tudo que pode ameaçá-lo, de expulsar do seu interior a ética da responsabilidade. O Brasil não politizou a Justiça como os Estados Unidos. Não deve fazê-lo. Mas, a despeito das falhas, crimes como os denunciados pela mídia repercutem e suscitam ação. Esse é um fato inescapável destes tempos de transição brasileira para a democracia.

A justiça pode tardar, mas tornou-se uma roleta-russa. De repente, alguém pode se envolver em falcatruas e nunca ser descoberto ou, se descoberto, nunca ser punido oficialmente. Mas se o escândalo estourar, não há dúvidas de que a punição social não tarda. Não quero dizer se sou contra ou a favor desse fenômeno. Meu objetivo é apenas constatá-lo e dizer o seguinte: é um péssimo negócio ferir a lei no Brasil. Péssimo!

Criou-se o mito da impunidade, e talvez com razão. Mas a verdade é que esse mito ruiu. Nesse sentido, em muito têm contribuído o Ministério Público e a mídia. Há quem critique ambos, com o argumento de que o Ministério Público usa a mídia para referendar seu trabalho e que a mídia usa o Ministério Público como fonte de furos e notícias de escândalos. O aspecto positivo é que essa aliança, a despeito das suas falhas e ambigüidades, vem se revelando fortemente educativa. Mostra que a impunidade está em baixa e que a força da lei pode ainda não valer para todos, como nos Estados Unidos, mas cada vez estende o seu braço mais longe na busca da aplicação da justiça.

Pessoalmente, fico sempre com a pergunta: quando começa um escândalo? Não haveria meio de neutralizá-lo ainda no nascedouro? É simples a razão do meu questionamento. O preço humano a ser pago numa tragédia de tal proporção não justifica o risco. Por mais dinheiro que os envolvidos possam imaginar recolher às suas contas pessoais. O velho, e surrado, ditado está de volta: o crime não compensa.

Uma flor do Brasil real*

Nos idos do governo Collor, pouco antes do *impeachment* votado pelo Congresso, a população de Brasília resolveu levar à prática um *impeachment* de novo tipo, o social, mas de repercussão igualmente

---

*Adaptado de artigo publicado originalmente na Gazeta Mercantil.

Comunicação Empresarial de A a Z

grave. Todos os símbolos oficiais do presidente, antes sedutores, foram rejeitados e mesmo o círculo palaciano, por prudência, evitava exibi-los em público.

A peça *A Flor do Meu Bem Querer*, de Juca de Oliveira, recria um clima semelhante, ao trazer a cena uma metáfora viva das contradições e hipocrisias da atualidade política brasileira. Tendo como pano de fundo a ambição do senador Zé Otávio de conquistar a Presidência da República, um personagem egocêntrico e exibicionista que não mede esforços para fazer caixa para a campanha, o comportamento de alguns líderes emblemáticos do Brasil contemporâneo é passado a limpo com nomes e alfinetadas que vão do adultério à corrupção.

Nesse contexto que empolga, levando o público ao riso e aos aplausos incessantes, fica uma lição muito oportuna. Esconder ou minimizar os fatos, mentir sobre os fatos ou tentar manipulá-los é uma prática que perdeu força e, a cada dia com mais intensidade, inscreve-se no *ranking* dos pecados capitais que a sociedade mais rejeita e condena. A contrapartida positiva é a aceitação, cada vez maior, do culto à verdade substantiva, mesmo que esta vá de encontro a conceitos e valores tradicionais, a exemplo da fidelidade conjugal.

O labirinto da manipulação

A trajetória e as reações do personagem central da peça, o senador Zé Otávio são caricatas. Ele é incansável na triste arte de iludir a opinião pública, ora primando pela arrogância com intrépida ostentação de poder, ora tentando ser astuto e desfiando a própria insensibilidade com absurda ingenuidade, sempre mentindo, sempre se enredando nas próprias armadilhas sem conseguir, em nenhum momento, encontrar o fio para a saída do labirinto de um discurso vazio, que não convence a ninguém.

A novidade da peça está na mensagem de que a sociedade conhece os políticos medíocres. À esquerda ou à direita, independente de ideologias, a verdade dos fatos transformou-se numa espécie de Minotauro devorador dos tempos da multimídia e da comunicação livre, abundante e sem possibilidades de controle por parte dos governos ou autoridades, por mais influentes que sejam.

Quanto mais se tenta esconder os fatos, mais eles ganham a luz e se tornam visíveis. Não adianta, por exemplo, responsabilizar a imprensa.

Como não adianta negar que graves problemas sociais, como os sem-terra, por mais incômodos que sejam, existem e precisar ser encarados.

Na peça, a pedra de toque é o DNA, que funciona como uma espécie de fotografia da paternidade. No Brasil dos dias atuais, o DNA nada mais é que a realidade dos fatos, que, como dizia o jurista Rui Barbosa, é fonte de inibição de qualquer argumento. Melhor seria dizer, hoje, qualquer manipulação.

Os fatos por testemunha

Em momento algum da história brasileira os fatos mereceram tamanha importância. No alvorecer da República, criou-se a mística de que os partidários do Império recém-desmoronado estavam por trás dos seguidores de Antônio Conselheiro e essa manipulação acendeu o estopim do massacre do Arraial de Canudos. Nos anos que se seguiram ao levante comunista de 1935, a propaganda anticomunista foi decisiva para frear os movimentos sociais e, inclusive, dar munição àqueles que se perfilaram contra o governo Goulart em 1964, abrindo o caminho para uma longa e tormentosa ditadura.

Agora, tudo mudou. Nada que é falso resiste muito tempo como sendo verdadeiro. A fornalha da manipulação não resiste muito tempo à fertilidade dos fatos e à natureza crítica do cidadão que se informa, que capta corretamente para onde os ventos da política precisam soprar e não se acomoda na defesa dos seus direitos. A peça trata de todos esses temas com bom humor e essa eterna flor da natureza que é a ironia.

Sob o império da imagem

Segundo Hegel, a força propulsora do homem, no sentido filosófico, está no pensamento. Marx, que virou o conceito hegeliano pelo avesso, sustenta que esse *produzir*, digamos assim, tem origem no trabalho. Se estivessem vivos, certamente encontrariam uma forma de dizer que nem o pensamento nem o trabalho podem existir dissociados da imagem.

Os políticos conhecem essa nuança da vida contemporânea. Na peça, o senador Zé Otávio treme e se acovarda sempre que surge uma ameaça de seu nome aparecer negativamente na mídia. Em seus momentos de desespero, a mídia ganha os contornos de um juiz implacável e esse juiz é a opinião pública.

Nos momentos de euforia, é a mesma mídia que se metamorfoseia numa lanterna mágica e lhe acena com a simpatia dos eleitores, dando cor aos seus sonhos de poder; enfim, é a mídia que faz e desfaz. Daí, a recorrente tentativa de controlar a informação, de tentar calar os jornalistas ou tentar mantê-los à distância. Num livro magistral, *O Estado contra os meios de comunicação*, o estudioso José Inácio de Melo Souza retrata com invulgar realismo como os governos que se sucederam entre 1889 e 1945 no Brasil tentaram pôr a mídia a seu serviço. No primeiro governo Vargas, tudo que se escrevia contra era considerado sabotagem, agitação e conspiração contra os saudáveis interesses do nacionalismo.

A tese dominante era que a imprensa poderia ser um poderoso instrumento para combater "idéias falsas", desde que devidamente orientada racionalmente. Por racionalmente, entenda-se a mão firme do Estado, uma vez que a imprensa em poder do empresário era vista como inimiga. De certa forma, essa é uma visão que prevalece, com maior ou menor intensidade, porém sem que os governos tenham meios para exercer o controle totalitário do passado.

Que lástima para quem ainda não entendeu o que significa poder dizer não, discordar. Que lástima para quem não consegue compreender que, se a sociedade é livre, a imprensa é livre. Daí, a peça de Juca de Oliveira surgir num excelente momento. Num meio poderoso de comunicação como é o teatro, ela não mistifica a realidade, nem exagera nas críticas. Apenas não se furta a dizer o que toda a sociedade sabe, sem cair no maniqueísmo de colocar os ricos como maus e os pobres como bons. Não, as máscaras são tiradas de uns e de outros, suscitando questões que em lugar de depreciar os personagens os enriquecem de humanidade. Assim, é fácil imaginar o porquê dos aplausos do público e do teatro sempre cheio. Daí a razão por que a peça de Juca de Oliveira ganha o significado de uma flor rara e sensível deste nosso hoje sofrido, mas promissor, Brasil real.

Napoleão para marqueteiros

Com a proximidade das eleições municipais e o crescente debate em torno da ética nos governos, uma recomendação parece oportuna para aqueles que lidam com marketing político. É a leitura ou releitura de Napoleão. Melhor estrategista militar e melhor político do seu tempo, ele soube modelar sua reputação – o "novo Alexandre", como era chamado

O Impasse da Comunicação Pública | 85

por Stendhal – num hábil e calculado jogo de propaganda e mídia.

Ele sabia como construir o próprio mito. Foi ferido três vezes em batalha porque estava sempre próximo à linha de frente com sua luneta às mãos, escrutando as posições inimigas. Isso reforçava sua aura de grande comandante tanto em relação às tropas como junto às massas. Seu nome era onipresente. Estava gravado nas moedas, nas porcelanas e na memória de toda a gente.

O Império de Napoleão foi o império dos sonhos, do progresso e, sobretudo, da imagem. A campanha do Egito, lançada em 1798, por exemplo, foi um brutal erro estratégico. Mas, com ajuda da intelectualidade, dos jornalistas e do seu próprio gênio como comunicador, Napoleão conseguiu transformá-la numa epopéia, graças aos tesouros do Cairo, aos sabres dos mamelucos e às gravuras heróicas que retratavam o campo de batalha.

O falso e o concreto

Napoleão trabalhou com um tema muito ao gosto da propaganda política dos dias atuais: o salvador da pátria. Ele fazia circular pela França e pela Europa notícias que esculpiam sua imagem como aquele que estabilizou o país, que organizou o Estado, que pacificou conflitos e ergueu do caos uma França gloriosa e modernizadora.

A diferença era que Napoleão não fazia propaganda no vazio. Ele, é inquestionável, dedicou-se a tornar realidade os sonhos dos seus contemporâneos. Não se contentou apenas em forjar uma imagem despojada, com seu indefectível chapéu e o manto cinzento que contrastava com o uniforme impecável e fulgurante dos seus marechais. Ele agia. O espetáculo das realizações era um espetáculo de verdade.

Claro, controlava minuciosamente os jornais, as peças de teatro, as pinturas, os discursos e, ele mesmo, escrevia artigos. Foi autor de uma das grandes máximas da comunicação: "É preciso controlar a informação, mesmo aquela mais insignificante". Lia os jornais dos Bourbons, seus eternos inimigos, e dizia com ironia: "Essa gente não sabe falar à imaginação do povo". Mesmo derrotado, prisioneiro na Ilha de Santa Helena, ditou o seu *Memorial*, obra-prima da propaganda que foi um *best-seller* do século 19. Nele, entroniza em cena outro mito: aquele do grande general reformador que foi abatido por uma coalizão de forças européias.

Escrevia com arte e erudição. Conhecia a mitologia imperial. Pode-se

86 Comunicação Empresarial de A a Z

questionar se ele foi um salvador da Revolução Francesa ou um déspota, se ele foi herdeiro da revolução ou usurpador, se ele foi um precursor da união européia ou um personagem totalitário movido apenas pela ambição de poder. Mas é impossível negar que seu talento para tornar suas realizações visíveis está por trás do mito que se tornou maior do que o governante. Ele dizia: "Uma grande reputação é um grande barulho; quanto mais ele é ouvido, mais ele se amplia. As leis das nações, os monumentos, tudo tomba. Mas o ruído permanece."

O império dos fatos

Por essas e outras razões é que Napoleão precisa ser lido e relido pelos profissionais de marketing político. Nada, absolutamente nada, substitui os fatos. Um candidato não é apenas uma imagem. É uma reputação. A propaganda oca como um anel pode iludir o eleitor, mas não ilude a mídia. Porque esta utiliza múltiplas fontes, apura contradições, recompõe o mosaico da história e acaba sempre conseguindo recompor a verdade factual. E contra a verdade factual não há argumentos.

Como é impossível escapar à realidade substantiva dos acontecimentos e não há mais como controlar a informação em todas as versões, como nos tempos de Napoleão, os problemas acabam vindo à tona em forma de escândalos. Virou lugar-comum jogar a culpa na mídia. É uma atitude que se repete sempre que o poder se encontra acuado, sempre que um candidato se encontra na alça de mira da opinião pública. É uma atitude errada. O caminho mais fácil para a derrota.

Quando o caso Waldomiro ganhou a manchete dos jornais, um empresário muito ligado ao governo me disse com absoluta segurança: "Logo essa onda passa. O público esquece, os jornais vão procurar um novo escândalo". A realidade tem mostrado justamente o inverso. Se existe uma novidade na política brasileira, é que o marketing pelo marketing está perdendo terreno. Suas raízes estão na sedução do Estado pelo culto à imagem e não pelo culto às realizações. Servir à sociedade é visto mais como uma concessão do que como uma obrigação. Um dever.

Daí, Estado e sociedade, o Estado e o cidadão estarem quase sempre em campos antagônicos, seja nos ciclos de governos democráticos, seja nos ciclos de governos autoritários. É um processo que precisa chegar ao fim. Os profissionais de comunicação muito podem contribuir nesse sentido. Pois a comunicação de qualidade é sinônimo de respeito aos fatos e de práticas democráticas. É o antídoto anti-salvador da pátria.

Voltando a Napoleão, vale fazer uma sugestão e uma constatação. A sugestão: ler as deliciosas *Máximas e Pensamentos do Imperador* recolhidas por Honoré de Balzac. A constatação: Napoleão foi vencido na sangrenta batalha de Waterloo pelo genial Duque de Wellington. Mas quem conhece Wellington?

Capítulo 3

O que é Crise de Comunicação

"Temos que ficar fora das manchetes. Esse é um dos principais objetivos da nossa equipe de administração como um todo: manter a liderança nas nossas práticas administrativas."

Charles Prince, presidente do Citigroup, em reunião com investidores internacionais, ante as repercussões do escândalo da Parmalat

"Um simples gesto é como fogo no alto da montanha."

Bryce Courtenay, *The Power of One*

Crise de comunicação

A mídia no conflituado mês de fevereiro de 2004 estava repleta de fotos de empresários presos na Itália e no Brasil. Pegava fogo o caso de Waldomiro Diniz, subchefe de Assuntos Parlamentares da Presidência da República, homem ligado diretamente ao ministro-chefe da Casa Civil, José Dirceu. Falava-se um pouco de tudo: a revista *Época*, autora do "furo", informava da existência de um vídeo que "mostra o homem de confiança do Planalto cobrando propina e doações de campanha de bicheiro do Rio de Janeiro".

Um escândalo total. Mas o que chamava a atenção era a forma como o governo encarava a crise. Fugia da imprensa, divulgava comunicados que não diziam nada, brigava entre si, misturava furor indignado com a indisposição de prestar contas à sociedade. É uma idéia que atiça e revolta a mídia. Ela ridiculariza todo o passado de combatividade e de construção de uma imagem do partido do governo, o Partido dos Trabalhadores, que procura mostrar-se diferente, sem os vícios da repugnante política tradicional. Aonde a crise vai chegar? Ninguém sabe.

Deixar de ser um partido acima do bem e do mal não é necessariamente o problema. O que deve ser encarado, na comunicação, é que a fuga da mídia funciona como uma condenação. A renúncia ao diálogo equivale a uma sentença de morte na democracia. O diálogo é a moeda dos que enfrentam suas responsabilidades. Por quê?

A crise em comunicação acontece quando se perde o controle do processo. É muito comum a empresa confundir a sua verdade com a verdade da mídia e da sociedade. Em 1999, o filme *O Informante*, com Al Pacino, Russell Crowe e Christopher Plummer, dirigido por Michael Mann, mostrou com exatidão o que acontece quando uma corporação ou um grupo de empresas procura ludibriar a opinião pública.

À primeira vista, é um filme que gira em torno da lealdade do jornalista à sua fonte, tendo como pano de fundo o famoso noticiário *60 Minutes* da CBS News. Na essência, é um vigoroso retrato de uma grave crise de comunicação com todos os seus ingredientes substanciais. O repórter (Al Pacino) cobre "histórias de horas difíceis" e utiliza seu *network* para desacreditar o adversário, no caso a indústria de fumo. O executivo (Russell Crowe) torna públicas denúncias que põem a nu os malefícios que um negócio polêmico causa à sociedade em nome do lucro. O jogo de interesses econômicos de uma empresa de comunicação que cresceu extraordinariamente e se vê encurralada pelos seus próprios interesses, passando a recorrer à censura interna e provocando reações radicais dos jornalistas. A insensatez dos porta-vozes empresariais, que pensam poder sobrepor suas versões aos fatos. E há a força da sociedade, que se mobiliza sempre que se encontra ameaçada.

Há uma cena antológica, imperdível. É quando o depoimento do executivo, o informante, é levado ao ar entremeado por cenas do passado dos sete grandes empresários da indústria de cigarros repetindo, com soberbo cinismo, que a nicotina não vicia. É um espetáculo. Tudo o que dizem os porta-vozes é desmentido pela objetividade do informante, que demonstra com seu testemunho uma realidade incontestável: estavam sendo feitas pesquisas para potencializar os efeitos da nicotina no organismo humano.

Os fatos falam por si. Dispensam comentários. É a chamada objetividade jornalística no seu apogeu. O confronto dos fatos substantivos contra a estética das versões. O final se projeta para além do filme. Hoje, as empresas do setor estão empenhadas em fazer o caminho contrário: diminuir os efeitos da nicotina no organismo humano. Publicidades nesse sentido têm ganho as páginas dos jornais. É sempre assim que acontece: os fatos são maiores que as versões.

O efeito bumerangue

O marketing só funciona se houver uma realidade substantiva por trás. Em julho de 2003, a revista *Veja* publicou uma reportagem sob o título "Por que os discursos de Lula causam polêmica" e logo a seguir afirmou: "Ao acrescentar partes improvisadas a seus discursos, Lula acerta o coração do eleitor, mas deixa patente o descompasso entre o que diz e o que seu governo faz [...] O descompasso entre a palavra do presidente e a ação do governo é particularmente acentuado num dos campos mais caros aos petistas – a área social. Quase nada deslancha. O Programa Fome Zero começou com um fiasco, a reforma agrária é tão lenta que os sem-terra voltaram a incendiar o país."

Em fevereiro do ano seguinte, a revista voltou à carga com a reportagem "O governo do improviso". A certa altura, enfatiza: "Em seus improvisos, o presidente parece alhear-se do mundo real. No Brasil que Lula não consegue enxergar, o governo patina. Na área da educação, da saúde, da infra-estrutura não existem notícias de projetos consistentes em

92 | Comunicação Empresarial de A a Z

andamento". O sinal vermelho da crise de comunicação fora acionado por uma pesquisa do Instituto Sensus que captou a queda de 18 pontos percentuais na popularidade do presidente desde que ele tomou posse. Segundo a revista, os números refletem "em certa medida, o descompasso entre discurso e prática, entre a retórica e a realidade". De forma diferente, variando de tom, toda a mídia reclama da precariedade da interface Estado-Sociedade. Imagina-se uma realidade, oferece-se outra ao cidadão.

É o efeito bumerangue, um artefato de madeira em forma de uma lâmina curva que uma vez lançado ao ar ricocheteia e volta ao ponto de partida. Em bom português: é o feitiço que se volta contra o feiticeiro.

Ovos de serpente

Essa a matéria-prima das crises. Passa-se de um discurso a outro – político ou empresarial – sem mediações e sem escrutar com lupa o ambiente social. Atravessa-se todos os limiares, sempre a migrar para o que se supõe ideal ou que seja aquilo que a sociedade irá acreditar, sem atentar para o princípio objetivo da realidade. Por isso é que as crises começam a se formar como pequeninos ovos de serpente. Um dia explodem e, então, é o caos. Há uma espécie de esquizofrenia que precisa ser superada quando as crises começam a se gestar.

O papel do comunicador é identificar o processo e alertar aqueles que têm responsabilidade pela mudança de rumos da oposição entre o discurso e a prática. Como a esquizofrenia é uma doença, é preciso curá-la. E o caminho da cura está no reconhecimento da doença. Que pode ser tanto a incontinência verbal, como a maquiagem de resultados, a exemplo do que aconteceu com a Parmalat, a Enron e muitos outros titãs do mundo dos negócios. As fotos de grandes empresários e políticos presos não deixam margem a dúvidas. Crises custam caro. Caríssimo.

Crise que destrói

Às vezes, não é o conflito entre o que se diz e o que se faz que provoca crises de grandes proporções. Um exemplo ilustrativo. Na tarde do dia 3 de dezembro de 1984, uma sexta-feira, a notícia de uma tragédia devastadora chegou à sede da Union Carbide, nos Estados Unidos. Em Bhopal, Índia, um acidente numa fábrica de pesticidas do grupo tinha matado algo como quatro mil pessoas e deixado outras 11 mil incapacitadas. Os jornais de todo o mundo relatavam o episódio nas primeiras páginas. Tudo aconteceu por causa de uma nuvem de gás. Devido ao frio, foi transformada em chuva química e o resultado foi uma catástrofe só comparável aos grandes terremotos.

Na época, a Union Carbide era um colosso mundial da indústria química e petroquímica, com 90 mil empregados e faturamento de 10 bilhões de dólares. Com presença e posicionamento global, no Brasil fabricava em Cubatão, São Paulo, o mesma pesticida que fora o estopim da chuva química que flagelou os moradores de centenas de barracões e casebres construídos em torno da fábrica indiana.

O acidente marcou o começo do fim da Union Carbide, sitiada por pedidos de indenização que chegaram a três bilhões de dólares e pelo estigma de *persona non grata* em todo o mundo. Detalhe: a unidade de Bhopal era considerada uma boa cidadã.

A banda podre

Não vou dizer se a história que se segue é verdadeira ou falsa, mas uma coisa é certa: o personagem em questão, a qualquer momento, pode surgir na vida do comunicador.

O ano foi 2002. Nervoso, traindo o temor que o tomava de assalto, o empresário disse do outro lado da linha:

– Francisco, preciso da sua ajuda com urgência.

Não esperou resposta. Desfiou uma longa história que, em resumo, significava chantagem.

Um jornalista, de um veículo importante, tinha procurado o empresário, feito uma longa entrevista e, agora, exigia 250 mil reais para não publicar a matéria.

O que estava acontecendo? O empresário tinha sido alvo de uma denúncia anônima. Estaria distribuindo propinas para ganhar uma concorrência pública. O Ministério Público recebeu a carta que contava a história e mandou para a polícia. Misteriosamente, o assunto foi cair nas mãos do repórter – podemos chamá-lo de R., de *Ratón*. De posse dos dados, ele procurou o empresário, conversou como se estivesse fazendo uma reportagem e, depois, partiu para a chantagem.

O empresário estava disposto a pagar. Mas eu disse não. Ceder a chan-

94 | Comunicação Empresarial de A a Z

tagem, jamais. Primeiro, por uma questão de princípio. Quem cede a uma chantagem torna-se cúmplice. Em paralelo, porque a denúncia era falsa: o empresário nunca tinha trabalhado para governos. O que ele estava disputando na justiça era o recebimento de indenização pelas benfeitorias de um terreno desapropriado.

Bem, o chantagista pressionava. Eu procurei o dono do veículo e, primeiro, procurei saber se a matéria estava realmente pautada. Não estava. Era o que eu previa. O repórter-Ratón estava agindo por conta própria. Depois fui descobrir que ele tinha sido condenado em alguns processos, inclusive à prisão. Voltando ao tema, R. soube que o empresário chantageado esteve com o dono do veículo, mas não entendeu o recado. Continuou ameaçando com a publicação da matéria. Então, abri o jogo. Procurei novamente o dono do veículo e disse: ele pode publicar, mas antes eu quero que veja o que está escrito. Contei a história. Foi como um vendaval. O autoproclamado repórter investigativo foi afastado da cena.

No primeiro momento, pensei em procurar o chefe da redação e explicar o que estava acontecendo. Pensei também em dizer a R. que não aceitava esse tipo de coisas. Mas preferi seguir os ensinamentos estratégicos de Alexandre, o Grande: atacar o núcleo de comando. Uma vez sem liderança, um exército fica sem ação. Quer dizer, ao enfraquecer R. junto àquele que decidia sobre a manutenção ou não do seu emprego, anulei qualquer risco de que meu cliente fosse vítima de uma injustiça. Uma vez eliminada a aranha, a teia se desfaria naturalmente.

Fica uma pergunta: se o empresário era inocente, por que se dispunha a pagar a chantagem? Simples: ele estava fechando negócios de dezenas de milhões de dólares com parceiros internacionais. Se a reportagem saísse, certamente o negócio faria água, com risco de ir a pique. É assim. Quem é envolvido em escândalos passa a ser tratado como um risco. Todos procuram manter prudente distância. E meu cliente temia que isso acontecesse. Por isso, estava disposto a aceitar a oferta do chantagista. Dividir o dinheiro em quatro ou cinco parcelas.

Fui forçado, algumas vezes, a endurecer o tom de voz com o empresário. Se ele pagasse, eu deixava a gestão da crise. Por quê? Explico: primeiro, porque não aceitaria ter meu nome associado à mediação com um chantagista. Depois, porque a um golpe se seguiriam outros e outros, porque ninguém sabe o que há por trás de uma operação desse gênero.

Por fim, porque sei: o chantagista tem em mãos um ativo incômodo. Se você não se dispõe a "comprá-lo", ele entra em pânico. De caçador se torna caça. Foi o que fiz. Cortei os canais de comunicação com o empresário. E ele começou a enlouquecer. Como estava, na realidade, blefando, foi perdendo o controle da situação. Foi sendo minado pelo mal que pretendia perpetrar, como um seqüestrador. A diferença é que não podia matar a vítima.

Da minha parte, contava também com um trunfo complementar: sabia quem ele era, conhecia seus pontos fracos. Vivia muito além das suas posses, portanto se tornava presa fácil dos ventos adversos que passaram a soprar contra ele.

Foi uma experiência notável. Mas eu cobrei caro pelo trabalho. Nesses casos, a minha recomendação é que se seja intransigente. Pagar chantagem, nunca. Em hipótese alguma. Sugiro, por outro lado, que se estabeleça, desde o início, os custos do trabalho. Por duas razões. Uma gestão de crise dessa natureza é rara e perigosa. Em segundo lugar, desgasta relacionamentos. O meu com o proprietário do veículo sofreu arranhões. Claro, ninguém gosta de saber que alguém da sua confiança está traindo compromissos éticos. Quando tratamos do assunto ele foi cordial, mas na sua voz revelava indignação.

Lembrei que, no passado, os mensageiros portadores de más notícias muitas vezes eram degolados. Lembrei que Alexandre mantinha os mensageiros distantes da tropa para não contaminá-las com informações que, de repente, pudessem alquebrar-lhes o ânimo para o combate. Uma redação é como uma tropa. Se sabe de um fato como o que relatei – sem dizer se é ficção ou realidade –, é óbvio que sofre. Pois uma empresa jornalística não é diferente das outras empresas, salvo pelas características da atividade.

Pelo que apurei, o chantagista continua a agir. A tática é a mesma: procura informações confidenciais e explora a vulnerabilidade das empresas e empresários. A estratégia não mudou: espalha o medo na expectativa de receber dividendos. Caso alguém encontre com esse personagem (ou congêneres) pelo meio do caminho, recomendo não hesitar. Bata duro. Se possível, faça o que eu, por constrangimento e para não expor o meu cliente, não fiz. Chame a polícia. Se for um chantagista da vida real, evidentemente.

96 Comunicação Empresarial de A a Z

Prevenir é melhor do que remediar

As crises de comunicação começam muito antes de virem à tona. Basta bater os olhos e ver o que aconteceu com a Enron, Parmalat, Worldcom, Banco Nacional, Banco Econômico... Certa vez, uma construtora paulista, de porte médio, construiu apartamentos em terreno contaminado. Não foi um ato premeditado. Foi um erro. Comprou o terreno e não fez a necessária verificação. As autoridades aprovaram o projeto sem nada investigar. Quando a obra estava quase no meio, veio a intimação.

Sem nenhuma experiência de relacionamento com a mídia, os sócios da empresa tomaram uma iniciativa que determinaria o futuro. Contrataram uma assessoria e, por três meses, prepararam todo o plano estratégico. Seu foco era a região de Campinas, onde atuava há três décadas sem um único arranhão na sua reputação. Quando as autoridades ambientais deram divulgação ao incidente, estava tudo preparado. Até um *media-training* foi feito para os moradores. Eles aprenderam como dar entrevistas, formaram um comitê de porta-vozes e, aos poucos, foram criando um discurso unificado, deixando de lado as contradições e os conflitos desnecessários.

A empresa se propunha a resolver o problema, como realmente resolveu. Compradores e construtores trabalhavam juntos. Quando a mídia, em especial a televisão, exagerava nas tintas ou cometia algum equívoco, imediatamente a assessoria buscava o jornalista responsável e conversava, esclarecia. Acabou triunfando na superação de preconceitos contra a iniciativa privada e estabelecendo a natural vantagem do relacionamento positivo e ético.

Houve apenas um problema insuperável. Um dia, quando foi dada uma notícia muito forte, com denúncias de moradores que resolveram não seguir a orientação do comitê de porta-vozes, um assessor de marketing da construtora virou as costas para o departamento de jornalismo e foi se queixar, aos berros, com o diretor comercial da emissora. O responsável pela pauta do jornalismo foi chamado para participar da conversa. O assessor exagerou: chamou o profissional de mentiroso e sensacionalista.

Foi o caos. Custou meses para costurar uma recomposição. Mesmo assim, o jornalista nunca mais voltou a dar atenção ao assessor de marketing, com quem mantinha, antes da agressão verbal, boas relações. O fato positivo foi que a direção da empresa entendeu o erro. Mas foi difícil convencê-la a se manter distante do fascínio do confronto.

Outro problema, também grave, nasceu da falta de uma atitude defensiva. A empresa resolveu entregar parte do terreno contaminado ao antigo proprietário, mas não aceitou a idéia de conversar antes com a mídia. Resultado: foi o poder público quem deu a notícia. Choveram críticas. Foi duro recuperar a credibilidade tão arduamente tecida.

Podemos dizer que esse é um *case* emblemático. A grande vantagem de quem está envolvido numa situação de crise é evitar o pânico. Como evitá-lo? Em primeiro lugar, retroceder e recomeçar toda a história, desde o início, e assimilar a realidade concreta dos fatos. Em segundo lugar, manter os puxa-sacos e os profetas do caos à margem. No relacionamento com a mídia, nada é pessoal. Tudo é profissional. É partindo dessas percepções que se neutralizam as possibilidades de perda de controle e, conseqüentemente, mantém-se o rumo certo.

Gerir uma crise é como ler um livro clássico. Segundo Ítalo Calvino, eles servem para entender "quem somos e aonde chegamos". A partir daí é que se pode formular a questão chave: o que podemos procurar nos tornar?

Perguntas e respostas

O que é uma crise? Depende do ângulo a partir do qual se avalie. A melhor forma de entender uma crise é contabilizar os prejuízos financeiros e de relacionamento com o mercado. Caem as ações na bolsa. Caem os créditos nos bancos. Caem as vendas. Cai a confiança dos investidores e dos clientes. Isso quando a empresa não fecha as portas, como aconteceu com a Enron. Ou quando os executivos perdem altos salários e o emprego. A empresa em crise é como alguém que estivesse contaminado pela peste na Idade Média. Nem o moral do corpo de funcionários sobrevive de pé.

Muita gente pensa que no Brasil as leis ainda são feitas para não serem cumpridas. É um erro muitas vezes irreparável. Ainda prevalece muito o paradoxo apontado pelo cardeal Richelieu (1585-1642): "Fazer uma lei e não mandar executar é autorizar a coisa que se quer proibir". Há mudanças a caminho. Um caminho para evitar crises é manter o respeito à

Erros comuns na gestão de crises

Não existe receita para contornar uma crise, mas é possível tirar proveito de alguns cuidados especiais:

- Não deixar que o enfoque jurídico prepondere sobre o enfoque social e político.
- Não fugir da imprensa.
- Não liberar informações sem contextualizá-las.
- Agir com rapidez, mas não sem antes elaborar um planejamento.
- Não tentar passar por vítima, se realmente não for.
- Pedir desculpas se realmente errou.
- Não criar conflitos dentro do conflito, falando mal de autoridades, concorrentes, políticos...
- Se a corporação, ou seja quem for, exigir que o comunicador tenha alguma atitude antiética, ele não deve hesitar, e ponderadamente, indicar o caminho certo. Caso a exigência persista, o único caminho é afastar-se do caso. É uma decisão difícil, mas é melhor perder o cliente do que a credibilidade.

lei como parâmetro.

As crises surgem de pressões represadas e podem acontecer em qualquer empresa, a qualquer momento. Mas o que é crise em comunicação? Não é uma notícia ruim. A crise se instala quando se perde o controle das iniciativas.

Como administrar crises de comunicação? O conceito surgiu nos Estados Unidos, mais precisamente no pós-Segunda Guerra Mundial, coincidindo com os movimentos de defesa do consumidor. Um modelo prático de administração de crise deve começar pela formação de um Comitê de Crise, mas o ideal é que as crises sejam contornadas antes de chegar à mídia.

O primeiro ato do enfrentamento de situações de crise, de fato, é a prevenção. Se a crise explode, é porque a empresa falhou. Não se conseguiu detectá-la no nascedouro e contorná-la. Mesmo um problema tolo, se mal avaliado, pode assumir proporções imensuráveis e transformar-se numa gigantesca trituradora da imagem da empresa.

A crise dificulta o relacionamento? O diálogo com a mídia e a sociedade é o melhor caminho para superar situações de crise. A empresa que se relaciona com a mídia conta, a seu favor, com as credenciais da credibilidade e do conhecimento de quem é quem nas redações. Mesmo que disponha de elevada credibilidade, a empresa não deve ser arrogante e reconhecer, se necessário, os seus erros. Assim, a realidade resulta em oportunidade de mudança e a informação contribui para resgatar a confiança num terreno onde geralmente grassa a desconfiança. Nesse sentido, o relacionamento positivo com a mídia construído ao longo do tempo desencoraja preconceitos e suspeitas por parte da imprensa. Em hipótese alguma, pode-se imaginar que encerrar uma crise é como fechar a página de um livro. Ou seja, existe a crise e o pós-crise.

Os dilemas do pós-crise

Quanto a Parmalat vai ter que investir para recuperar a imagem se conseguir sobreviver à crise? Ninguém sabe. A única certeza: a crise de comunicação não é como um livro que se fecha depois da leitura. Exige tempo, dinheiro, dedicação para que os estragos sejam superados.

Em 2003, o *The New York Times* teve o patrimônio da sua imensa credibilidade, construída em 157 anos de história, abalado pela atitude antiética de um repórter, Jayson Blair, que sistematicamente inventou declarações e plagiou jornais concorrentes. Ao todo, como informou o jornal, houve "fraude jornalística" em 36 das 73 reportagens publicadas pelo repórter. Caiu a cúpula da redação. Houve explicações e mais explicações públicas. Tudo muito cristalino, tudo muito honesto e realista. Mas as feridas abertas continuarão a sangrar por muito tempo. O *The New York Times* não nega. O *slogan* do *The New York Times*, "Todas as notícias próprias para imprimir", encontra-se sob suspeição. Esse o rosto dramático do pós-crise.

Passos para manter as rédeas da Comunicação

- Centralize informações para evitar declarações contraditórias.
- Procure o auxílio de especialistas para elaborar um plano de crise e, se necessário, abrir canais de diálogo com a cúpula da empresa jornalística.
- Faça uma análise concreta sem se deixar tentar pela emoção.
- Não brigue com os fatos.
- Não se refugie em evasivas.
- Não crie problemas dentro dos problemas.
- Não divulgue informações falsas ou tente manipular dados.
- Escreva um *press release* contendo as informações básicas, de forma a unificar uma posição e evitar informações contraditórias.
- Crie um Comitê de Crise, com o cuidado de agregar diretores e unir o pessoal de comunicação, em especial, com advogados e especialistas em recursos humanos.
- Mantenha abertos os canais de diálogo com editores e repórteres.
- Monitore, com o cuidado de não parecer interferência indevida, a divulgação de documentos por parte de órgãos públicos.
- Procure manter as autoridades, inclusive o Ministério Público, informadas sobre os seus passos.
- Evite conflitos desnecessários com autoridades e com a mídia.
- E não minta. Não minta jamais.

Lições do passado*

O cenário é a sóbria sala de reuniões de uma entidade de classe. Embora ocupando vasto espaço na mídia, seus dirigentes estão preocupados com o futuro. Temem perder posições duramente conquistadas. Motivo: as mensagens estão se tornando repetitivas. O que fazer? Conversar mais com os jornalistas? Articular melhor a comunicação interna com a comunicação externa? Produzir pautas mais criativas? Redigir maior quantidade de *releases*?

O debate cindiu os participantes. De um lado, os assessores de imprensa, decididos a engrossar o tom das críticas em temas-chave: a reforma tributária, a reforma política, a reforma administrativa, a reforma educacional, a reforma do Judiciário, todas circulando pela agenda nacional há cerca de uma longa década. A idéia era estar presente com viva intensidade nos grandes temas nacionais. De outro, os executivos, esgrimindo a necessidade da cautela. Ou seja, evitar a estrada perigosa do confronto e permanecer circunscrito ao âmbito dos interesses setoriais.

É um drama comum. Confunde-se crítica com confronto. O bom combate democrático não é contra o Estado, mas contra certas formas de acomodação. O protesto e a crítica não são, nem devem ser, uma forma de intolerância. Pelo contrário, são uma solução para o progresso das instituições, não o Apocalipse. Criticar, como disse Weber, faz parte da "moral da convicção" e, também, da "moral da responsabilidade". Por que, afinal, o que é a democracia senão o direito de dizer **não**?

De volta ao princípio
A reunião da influente associação de classe terminou onde começou: o que fazer com as mensagens notoriamente desgastadas? Ironicamente, a tradição do empresariado é do exercício da crítica, mesmo em épocas sombrias. Foi a atitude corajosa de personalidades como Roberto Simonsen e Euvaldo Lodi que tirou o sonho da industrialização de um nível epidérmico para uma realidade profunda e substancial.

Nos idos do ciclo militar, foram também as lideranças empresariais que empunharam bandeiras modernizadoras como a legalização dos partidos de esquerda (leia-se comunistas) e o direito de greve, as privatizações e

---

Adaptado de artigo publicado originalmente na Revista Imprensa.

O que é Crise de Comunicação | 101

o desenvolvimento econômico de forma sustentável e duradoura, isto é, sem inflação elevada e com déficit público sob controle.

Personalidades como Dilson Funaro, Cláudio Bardella e Antonio Ermírio de Moraes, além de entidades como a CNI e a Fiesp, foram decisivas para que o País passasse a pensar em democracia não apenas na forma, característica do pensamento das elites desde a época colonial, mas no conteúdo. Nesse sentido, a comunicação desempenhou um papel preponderante.

Nos anos 80 e 90, circulavam na mídia teses ousadas: abertura da economia, independência do Banco Central, retomada do desenvolvimento. Mesmo o *impeachment* do presidente Fernando Collor de Mello, um acontecimento sem paralelo na história brasileira, mereceu vigorosa acolhida do empresariado. Como a era Vargas, foi um tempo de turbulências, mas de muitas conquistas. É o que ensinam as lições do passado.

O desafio do presente

Existem dois fatos inéditos nos dias atuais. O primeiro é o apoio – sincero, vale registrar – do empresariado ao governo do presidente Luiz Inácio Lula da Silva. O segundo é que os conflitos de um País sitiado por dramáticos desequilíbrios sociais estão nas ruas. Não mais confinados nas estatísticas e, sim, no cotidiano do cidadão. Então cabe a pergunta: o que precisam fazer os empresários?

Na aparência, se o tema for comunicação, o caminho da atualidade parece perfeito. Na realidade, é indispensável penetrar na medula dos dramas que amarram a economia e o tecido social para dizer claramente o que pensam e o que podem fazer. Entre o ciclo militar e a redemocratização, o empresariado se tornou referência para a mídia. Ruíram as muralhas do preconceito, adensou-se a argamassa da credibilidade. Inclusive em setores antes tidos como oligopolizados ou controlados pelo capital internacional.

Ao contrário de Marx, Schumpeter costumava assinalar que o capitalismo poderia se desagregar não pela vontade das massas, mas pela sua compulsão de bater de frente com os valores da liberdade e da eficiência. Se estivesse vivo, o grande mestre, que nasceu no mesmo ano de Keynes e da morte de Marx (1883), certamente diria que no Brasil o empresariado ultrapassou essa fase.

Contudo, persiste um patente paradoxo. O anseio de participar muitas vezes não corresponde às ações diretas de comunicação. Outro paradoxo é que as entidades de classe, na grande maioria, nunca estiveram tão preparadas para fazer da comunicação uma alavanca para tornar visíveis e dar consistência prática às suas reivindicações.

Não há dúvidas de que os tempos de dificuldades vieram para ficar. Basta ler os jornais para verificar que as crises espocam por toda parte. A pergunta que fica no ar, e ainda sem resposta, é: como, nesse contexto de adversidades, transmitir mensagens que repercutam e criem novos paradigmas de auxílio mútuo junto à sociedade e ao governo? Livrar-se do espartilho da timidez crítica é, sem dúvida, o caminho para começar a refletir sobre o tema. Numa democracia, o conflito de valores e idéias é que cria o entendimento, faz florescer a cultura do diálogo.

A atualidade do efeito Pelé

Em 1977, ainda em pleno regime militar, Pelé disse aos jornais uma frase que ficou célebre pela ingenuidade política: "O brasileiro não sabe votar". O líder do então MDB, Ulysses Guimarães, reagiu, em especial porque se encontrava empenhado numa campanha embrionária em torno do restabelecimento das eleições diretas para a Presidência da República. Disse que Pelé estava a serviço da ditadura.

A briga ganhou dimensões de um grande confronto e Pelé agiu com a mesma agilidade e determinação que tanto o distingüiam no campo. Convidou a imprensa para uma coletiva e informou: "Queriam botar na minha boca que eu disse que o povo brasileiro não sabe votar. O que eu disse, e é o que eu acho, é que ele deveria votar com mais seriedade. Principalmente, quando estamos pensando no que estamos pensando, em eleições diretas. Votar, por exemplo, em Pelé, que não é político, votar em Rivelino, votar em Zico, ou então votar em Cacareco, como já votaram, isto não é sério".

Assim, o Rei conseguiu salvar sua imagem e o triste episódio foi superado.

É um exemplo do passado que contribui para encarar polêmicas do presente. Dois acontecimentos na ordem do dia no início de 2004 demonstram as vantagens de tomar iniciativas. O primeiro envolve o ministro-chefe da Casa Civil, José Dirceu. Ao ter o seu nome associado a Waldomiro Diniz, recuou do diálogo com a mídia, no princípio, mas sentiu a gravidade do erro e deu extensa entrevista à *Veja*. Tese: "Cometi um erro, não um ato ilícito". Da mesma forma agiu Zeca Pagodinho, envolvido em acusações de grave deslize ético. Também em entrevista à *Veja*, ele explicou ter trocado o papel de garoto-propaganda da Nova Schin pelo da Brahma por uma razão simples: "Assinei o contrato sem ler".

Não é o caso de entrar no mérito da veracidade das explicações, mas naquilo que efetivamente conta em termos de comunicação. José Dirceu e Zeca Pagodinho tiveram a iniciativa de dar explicações à opinião pública. Assim, jogaram água fria na fervura do noticiário. E reconquistaram a oportunidade de recompor a imagem fraturada. Em situações como essas, caso não surjam novos fatos, é certo que a pressão tende a declinar.

Medo da suspeição

Quando os escândalos estouram, a primeira reação dos envolvidos é de medo. Não deveria ser. Ao invés de recuar, e se deixar envolver pelo véu do silêncio, deveriam ir para a linha de frente do diálogo e agir. Conversar, esclarecer, informar. Meios não faltam. Nenhuma reportagem considerada imprecisa ou sensacionalista deveria ser deixada sem resposta.

O jornal está aí para ouvir as duas partes. Por que não utilizar o espaço com cartas, entrevistas, informações de contexto?

As crises de comunicação são parecidas com uma luta de boxe. Quem está no centro do ringue está em condições de agir na ofensiva. Quem é levado às cordas geralmente se vê obrigado a apenas se defender. O que significa vulnerabilidade cada vez maior.

Em lugar do medo, deve prevalecer a serenidade. Geralmente, nas crises a imprensa faz muito calor e pouca luz. Trabalha mais com suspeitas do que com fatos concretos. Portanto, é indispensável mapear as fontes, checar a credibilidade de cada uma delas e agir de forma substantiva. Nada de ameaças de processos judiciais, nada de culpar os repórteres por supostas conspirações, nada de preconceitos contra a mídia.

Um bom começo é tomar iniciativas nas seguintes direções:

   1. Argumentos de convicção. Elaborar respostas substantivas para todos os itens das chamadas suspeições que vêm alimentando o noticiário.

Comunicação Empresarial de A a Z

2. Cartas. Responder a todas as matérias na mídia, destacando os itens essenciais. Texto sóbrio, objetivo, sem apelos à honra ou ataques à mídia. Os fatos devem falar por si. Assim é que teremos a mídia como aliada e não como inimiga.

3. Entrevista. Organizar entrevista em veículo de grande circulação para expor a versão dos fatos pela parte sob suspeita.

Sedução da mentira

Fica mais fácil agir assim. Não se pode é fugir ou fazer como fez o governante espanhol José María Aznar após o atentado terrorista que matou 102 pessoas em março de 2004 em Madri. Era véspera das eleições e o governo espanhol tentou iludir o eleitorado responsabilizando o grupo separatista basco ETA quando, àquela altura, já se sabia da presença islâmica no atentado. Resultado, o partido socialista de José Luis Rodríguez Zapatero venceu a eleição que deveria pender para o lado de Aznar. A revolta foi uma reação também a uma mentira anterior. O governo espanhol entrou na guerra do Iraque abraçando a tese americana de que o ditador Saddam Hussein estava produzindo armas de destruição em massa. Nada foi provado, a imagem de Aznar ficou trincada, a despeito dos auspiciosos resultados econômicos do seu governo, que devolveu a prosperidade econômica à Espanha.

Em tempos de crise, é difícil encarar os demônios da verdade dos fatos. Mas o efeito Pelé – que livrou o Rei de um estigma que mancharia sua trajetória exemplar – ensina que a coragem de avançar para a linha de frente é muito maior, e ética, do que o falso fascínio da retórica de cunho moralista, e muitas vezes hipócrita, voltada mais para culpar a mídia do que para o autêntico respeito à opinião pública. Este, sim, indispensável.

Capítulo 4

Da Agenda de Notas

"Não se pode pisar duas vezes o mesmo rio, já que as águas continuam constantemente rolando."

Heráclito

"A verdade, noção profana, emerge tarde no mundo. Foi o acontecimento grego fundamental."

Edgar Morin

Um vício que destrói*

Dois temas do cotidiano: a destrutiva cultura da crítica ao cliente, muito comum entre profissionais menos experientes, e a ansiedade de clientes que querem a qualquer custo pressionar o mercado por meio de notas em colunas influentes.

A assessoria como ela é

Na mesa de bar, a assessora repetia, às gargalhadas: "É para fazer publicidade de você, seu bobo". Durante a tarde, o diretor de uma grande empresa tinha reclamado que, numa reportagem sobre inflação numa emissora de televisão, a marca da sua empresa fora a única a aparecer no vídeo, enquanto os seus concorrentes ficaram desfocados. Primeiro, o diretor tentou junto à agência de publicidade que alguma coisa fosse feita. A agência passou para a assessoria de comunicação e a bola foi cair nas mãos da assessora em questão, que não sabia o que fazer. Na dúvida, limitava-se a ironizar as preocupações do cliente. Se ele aumentou os preços, o problema era dele. Não da emissora. Nada mais pobre, nada mais equivocado. Não se pode brincar com uma situação dessa natureza. O diretor de marketing estava coberto de razão. Certamente, quem visse a reportagem iria imediatamente associar os aumentos de preços à marca que apareceu na televisão. E esta passaria a ser a vilã. Situações como essas precisam ser discutidas com as editorias. A primeira pergunta é: qual é o critério. Claro, a imprensa tem liberdade para filmar e fotografar os produtos que venham a ser notícia pelo ângulo negativo. Mas cabe à boa assessoria tentar preservar a marca sob sua responsabilidade dos prejuízos causados por um fato que não é de responsabilidade exclusiva. Uma conversa com os editores ajuda. O diálogo para mostrar o tratamento desigual também ajuda. Em situações de crise, é comum conseguir que as notícias sejam dadas sem citar o nome da empresa, sobretudo se esta for uma empresa idônea. Marcas são o oxigênio que mantém vivas as corporações. Produtos são feitos nas fábricas, como disse Walter Landor, um dos mais refinados designers do século 20, mas as marcas são criadas na mente.

A milenar, criativa e inexorável marcha das marcas é, em larga medida, movida pelo fascínio que a identidade e a diferenciação de um padrão de

---

*Adaptado de artigo publicado originalmente na Revista Imprensa.

excelência particular sempre exerceram sobre as empresas. Na Antigüidade, sinetes, selos, siglas e símbolos funcionavam como um sinal distintivo e uma identificação para assinalar animais, armas, utensílios e propriedades. Naqueles tempos, era costume indicar a procedência de um produto agrícola ou manufaturado como forma de atestar a sua excelência e prestígio. Foi no século 18 que a marca começou a ganhar feições modernas. O ponto de partida foi a marca escocesa Old Smuggler, registra José Benedito Pinho em seu livro *O poder das marcas*, criada para designar uma linha de uísque que empregava um processo especial de destilação. A marca de comércio evoluiu para a marca de indústria e comércio. Na origem, estava a Revolução Industrial que, conforme se propagava por inúmeros países, ia exigindo dos fabricantes assumir funções mercantis, antes exclusivas dos comerciantes. Ao longo desse caminho, as marcas foram se afirmando como referencial definitivo da identidade corporativa, que diferencia e projeta a identidade da empresa, dando-lhe unidade. Hoje, a marca significa mais do que um produto ou um serviço. Ela representa um valor, valor este que dá forma aos laços de fidelidade e realça as vantagens competitivas. O trabalho de relacionamento com a mídia não pode esquecer tais nuanças. Assessores pressionados pelos clientes devem substituir a ironia, muitas vezes sinônimo de desconhecimento e ausência de visão estratégica, pela reflexão e a prática consistente no trato com as marcas. Falar mal de clientes é um hábito perigoso. Destrutivo, mesmo. Fratura o espírito de equipe, abre imensos espaços para justificar erros e, o que é pior, enfraquece a cultura das assessorias, que deve ser sempre uma cultura construtiva voltada para o êxito. Quando se trata de marcas, é o mesmo que manipular nitroglicerina. A qualquer descuido, perde-se o cliente. Além disso, as emissoras de televisão têm critérios para exibir ou não a marca. No caso de reportagens que tratem de temas gerais, a exemplo da inflação, a exposição de marcas pode acontecer. Contudo, acontecerá sempre por causa de um cochilo do editor. Aliás, como aconteceu no caso em questão, em que o nome dos protagonistas será mantido em sigilo porque o que interessa é o conteúdo da história, fácil de repetir. Em farsa ou em tragédia, como diria o velho Marx.

Relações perigosas

É cada vez mais comum o empresário exigir que a assessoria de imprensa publique notas em colunas influentes às vésperas de fechar um negócio importante. Acreditam que assim podem se destacar da concorrência, exercer pressão sobre os futuros clientes e, enfim, fazer o seu jogo. Essa é uma atitude errada, que a assessoria deveria matar no nascedouro: ao firmar o contrato, deixar claro que é impossível garantir a publicação de notas em colunas.

Existe também outro perfil de empresário, do tipo que exige resultado em todos os movimentos, que exige apenas uma informação objetiva: a nota vai sair publicada ou não vai sair publicada, interessa ou não interessa. Empresários com esse perfil são mais fáceis de lidar, mas é certo que as respostas negativas – a coluna não vai publicar a nota ou a nota não desperta interesse – nunca serão bem aceitas. Ou seja, o insucesso equivale, mais cedo ou mais tarde, ao cancelamento do contrato.

E há um terceiro perfil de empreendedor, aquele que é menos ansioso (que não quer milagres, mas resultados), que conhece as limitações da assessoria e as exigências dos colunistas. É, geralmente, o melhor perfil para o assessor trabalhar e, também, aquele que melhores resultados vem a colher.

Arte e técnica da entrevista*

1957, Rio de Janeiro. O general Henrique Teixeira Lott, ministro da Guerra do governo JK, era um militar disciplinado e com forte liderança nos quartéis. Na verdade, mais do que um ministro era uma garantia de sustentação militar do governo. Não era um político, mas tinha ambições políticas – a Presidência da República. Por isso, costumava dar entrevistas e era assediado pela imprensa. Sempre que falava, era um desastre. Causava polêmicas. Despertava a ira da oposição. Juscelino Kubitschek chamou Lott ao Palácio do Catete e, com delicadeza, explicou:

> "O senhor há de me desculpar, mas desejo dar-lhe um conselho. Não o faço porque eu seja o presidente da República e o senhor o ministro da Guerra, mas como um amigo seu que se interessa sinceramente pelo seu futuro político. O senhor tem sido vítima de uma campanha de provocações e, brioso como é, tem reagido à altura. Essa atitude, considerada do ponto de vista humano, é perfeitamente compreensível. Entretanto, existe uma escala de

---
*Adaptado de artigo publicado originalmente na Revista Imprensa.

valores diferente no campo político. O que os udenistas desejam é justamente fazer-lhe perder a calma e aceitar o desafio que constantemente lançam. A UDN não se preocupa com os demais ministros. Mas tudo o que o senhor diz ou faz é explorado por ela. O senhor dispõe de uma situação única no seio do Exército, onde exerce uma liderança incontestável. Além do mais, seu espírito disciplinador pôs termo às conspirações nos quartéis, o que representa um tremendo golpe para a UDN, habituada a jogar com seus acólitos fardados para tentar um assalto ao poder. Daí as provocações que lhe fazem: de hoje em diante, evite dar novas entrevistas."

Lott ouviu em silêncio, olhando fixamente o presidente. No final, concordou: "Sua solicitação será atendida, senhor presidente". Cumpriu a promessa. Se algum fato exigia esclarecimento, o Ministério da Guerra o fazia por nota oficial. Suspensas as entrevistas, a UDN ficou sem munição para bombardear o governo. O País pôde, enfim, respirar tranqüilidade.

A entrevista é o ponto de partida e de chegada do relacionamento da empresa com a mídia. Ela é uma técnica que nasce da visão concreta do que a empresa precisa e deseja comunicar. E uma arte que vai se aprimorando à medida que se torna parte do dia-a-dia dos porta-vozes, reforçando a habilidade de construir pontos fortes e colocá-los a favor de um objetivo determinado. A espontaneidade não deve ser eliminada, é evidente, mas não pode, em hipótese alguma, ser uma postura ingênua, conduzida por arroubos emocionais, meras vaidades, gosto pela inconfidência ou a ilusão de que se pode manipular os entrevistadores. Cada entrevistado, como seus entrevistadores, tem um estilo, afinal, cada entrevista é uma entrevista. Há muito de política na decisão de falar para a mídia. E, às vezes, é melhor calar do que falar.

Por certo, um dos primeiros segredos a desvendar por parte do entrevistado é ter noção dos limites da linha além da qual não pode avançar. O entendimento dessa peculiaridade nunca é estático. Não existe um modelo acabado. Nem mesmo

Calcanhar-de-aquiles

Se há uma pergunta temida, esta se encontra condensada em seis singelas letras: por quê? Desconcerta, intimida, exige uma resposta organizada, convincente. Às vezes, até uma prova documental. Uma forma de passar à ofensiva, porém, é dar respostas curtas. Se o entrevistador não for muito atento, pode ficar perdido e sem saber o que perguntar. Além disso, uma resposta curta, desde que consistente, força o entrevistador a pensar.

Cuidados capitais

- Conceder uma entrevista é, antes de tudo, uma decisão política, e como tal deve ser avaliada e entendida. A retórica não pode ser mais importante que os fatos. E a entrevista começa quando o repórter faz o primeiro contato.
- O binômio do êxito da entrevista está sintetizado na capacidade do entrevistado de informar com consistência e transmitir credibilidade. Não trate mal o repórter que cai de pára-quedas num tema. Procure informá-lo. Ofereça-se, no final, para esclarecer qualquer dúvida.
- Não se comporte como inspetor de uma linha de montagem, aceitando ou rejeitando questões. Evite evasivas, não brigue com os fatos. Verdades muito bem arrumadas causam desconfiança imediata. E não fale em tom áspero ou histérico.
- Procure saber quem é o repórter, sua especialidade, estilo e objetivo específico. Não tenha preconceitos de qualquer espécie, em particular ideológicos.
- Prepare um roteiro com respostas que possam agregar valor às informações e, de preferência, procure colocá-las dentro de um contexto mais amplo das atividades da empresa.
- Cite fatos novos, de modo a criar impacto. Não seja repetitivo e procure não fugir das questões. Se o tema da entrevista for problemático, procure oferecer ao repórter também uma boa notícia. Como diz o comunicador Carlos Thompson: contra más notícias, uma chuva de notícias boas.
- Fale naturalmente, sem preocupação de ficar repetindo o que deve ou não ser publicado.
- Se cometer algum erro, enfrente-o e admita que errou. Caso se sinta acuado, diga. Explique suas razões, mesmo que venha a se sentir vulnerável.
- Procure ser sintético nas respostas, sobretudo para o rádio e a televisão.
- Mantenha sempre a calma, mesmo que as perguntas sejam provocativas. Lembre-se de que o que está em jogo não são questões pessoais.
- Evite desmentir notícias. Mas, se vier a fazer desmentidos, procure sempre o caminho da diplomacia e da polidez.
- Se falar em *off,* não minta, nem procure causar danos aos seus concorrentes. Os jornalistas de verdade gostam de fontes com preocupações estratégicas. Tratam os fofoqueiros de plantão como marginais.
- Jornalistas não gostam de seguir regras.
- Nunca beba álcool antes ou durante uma entrevista.
- Não diga: sem comentários. A expressão traz o odor indefectível do autoritarismo do ciclo militar.
- Se fizer metáforas, procure elaborá-las antes. Cuidado com o que diz nas entrelinhas. Faça o seu próprio controle de qualidade. O slogan do *The New York Times*, um dos mais respeitados jornais do mundo, é "todas as notícias próprias para imprimir". Pense exatamente assim: só fale o que é próprio para imprimir na sua visão. Caso contrário, terá de se desmentir.
- Em qualquer situação, o interesse público deve ser enfatizado.
- Lembre-se: TV é imagem. Fale pouco e com objetividade.
- Na rádio, pense em frase com sujeito, verbo e predicado. A síntese é tudo.

uma última palavra sobre o assunto. No jornalismo moderno, o culto retórico à objetividade tornou-se uma obsessão. Teoricamente, isso significa que a imprensa deve ser neutra. Mas a neutralidade, como a objetividade, é uma ficção. Como o unicórnio, um animal perfeito, mas que ninguém nunca viu. Nem sabe onde encontrar.

Contudo, o nome sagrado da objetividade é um grande trunfo para o entrevistado. Ele pode, com alguma habilidade, colocar-se intelectualmente acima do entrevistador concentrando-se, se necessário, na superfície dos fatos. Uma segunda tendência é o acirramento da concorrência. Tudo é muito rápido e facilmente descartável. Eis outro trunfo para o entrevistado, que pode explorar a seu favor a concorrência entre os veículos, privilegiando os que considera estratégicos e mantendo prudente e planejada distância daqueles que venha a classificar como veículos secundários. A pergunta é como selecioná-los coerentemente. E como não deixar que tal prática soe como discriminação.

Uma terceira particularidade é a sensibilidade da mídia à pressão de grupos organizados. Esse dado novo chega adornado com argumentos que valorizam e realçam a cidadania. Dito em outras palavras, é o entrevistado quem deve conduzir a entrevista. Basta apenas conhecer o terreno onde está se movimentando.

Cartas: consistência, elegância e brevidade

Toda a utilidade e significado de uma carta encontram-se na magia do conteúdo. Certa vez, fui convidado a ir às 21 horas à sede de uma das grandes corporações brasileiras. Resisti à idéia porque tinha um compromisso que não podia desmarcar, mas o diretor de marketing do outro lado insistiu: "É urgente". E desligou. Não disse o assunto. Eu fui.

Para minha surpresa, havia uma troca de comando na alta cúpula e eu precisava escrever, sigilosamente, duas cartas: uma para o presidente que saía e outra para o presidente que iria assumir. Por isso, a escolha do horário e o clima de mistério. No dia-a-dia é diferente. Essa a segunda característica das cartas empresariais: o si-

O que é a boa comunicação
– Definir objetivos
– Informar
– Contextualizar
– Persuadir
– Avaliar os fatos concretos
– Evitar o confronto

gilo. Quem escreve cartas para uma empresa deve manter sempre a discrição.

A carta deve ser sempre curta, elegante e com uma tese – uma idéia chave – no meio. Lembra um pequeno artigo desses que *O Globo* distribui ao longo das edições. Fácil de ler, consistente na mensagem. A carta é diferente do e-mail. Empresta majestade ao que é dito. Possui características de um efetivo documento. Quando envolverem assuntos complexos, de natureza jurídica, devem ser lidas pelos advogados da corporação. O casamento da assessoria de comunicação com a assessoria jurídica sempre dá bons frutos.

Compromisso com a ética*

Nos anos 70, um boato correu o mundo: em alguns países, pessoas estavam morrendo nos tanques de fabricação do xarope da Coca-Cola. Muita gente acreditou, houve intenso rebuliço na mídia, e a empresa tomou uma decisão histórica: abriu as portas, antes fechadas a sete chaves, para a mídia. Deu certo. Os boatos se dissiparam. Ficou provado que tudo não passava de uma trama perversa da concorrência e a política de

---

É possível impedir a publicação de matérias?

Há quem pense que a pressão publicitária intimida os veículos. Há quem pense que os jornalistas ficam intimidados quando alguém influente vai direto ao dono do jornal pedir que uma matéria não seja publicada. Há quem pense que o dono do jornal dá importância a esse tipo de pedido. Na prática, não funciona assim. O máximo que se consegue, num tema polêmico, é pedir um ou dois dias para apresentar a versão da parte acusada ou que se sente atingida. Quem tenta pressionar para que uma matéria não saia geralmente entra para a lista negra. Se pertencer ao manto sagrado do jornalista – leia-se aquele tipo de fonte especial que é tratada de forma diferenciada – acaba-se perdendo a posição. E pior, se a notícia não sai num veículo, vai, sem dúvida, sair em outro. Pior do que isso, existe apenas uma situação: tentar impedir a publicação de uma matéria por meios judiciais. A repercussão é tão grande que a emenda acaba sendo pior do que o soneto. Acredite: a notícia negativa só é publicada porque existe um fato negativo. Se o fato é inexistente, explique, converse, mostre a realidade. Fica tudo mais fácil.

Adaptado de artigo publicado originalmente na Revista Imprensa.

Da Agenda de Notas | 113

portas abertas ganhou mais um aliado.

No Brasil dos dias atuais, onde contracenam forte mobilização da sociedade com um imenso cortejo de crises políticas, é sempre recomendável dialogar com a imprensa. Porém, o relacionamento empresa-mídia nem sempre é favorável. É muito comum empresários fazerem queixas como essas:

- Se um repórter entra por uma porta, a verdade sai pela outra.
- Os jornalistas querem "sangue". Esquentam as matérias sempre pelo ângulo negativo, só para causar impacto.
- Às vezes leio minhas entrevistas e penso que estou lendo pura ficção.

É lamentável, mas nem sempre os empresários estão errados. O jornalista tem dificuldade de conviver com o lado positivo do noticiário. Nas entrelinhas, destila geralmente uma certa intolerância contra quem está fazendo a coisa certa ou quem se proponha a encarar os problemas de frente, buscando soluções substantivas.

Há algum tempo, um produtor de televisão de Campinas, um dos grandes pólos industriais do País, reclamava: "Aqui, os empresários não costumam dar entrevistas. São sempre desconfiados". No dia seguinte, o porta-voz de uma empresa que, fiel a uma política de transparência, aceitara falar para a televisão do mesmo produtor, constatou, atônito, que suas palavras foram manipuladas e que a notícia fora levada ao ar com muitos erros. Tudo o que era positivo fora anulado; o que poderia ser negativo ganhou proporções muito além da realidade.

Por diferentes razões, esse tipo de acontecimento vem criando dois caminhos paralelos no relacionamento empresa-mídia. Um é aquele da confiança mútua, do respeito aos fatos, do exercício inalienável da liberdade. Outro é feito da argamassa da desconfiança, do ressentimento, do temor.

Não se pode esquecer de que a mídia tem grande influência nos negócios. Uma palavra colocada de forma errada, uma informação incorreta, uma notícia que mereça ênfase desproporcional aos fatos podem causar prejuízos enormes. Tanto para a empresa que venha a ter sua imagem agredida, como para a mídia que, de repente, pode ser alvo de um processo judicial. Ou ser rotulada como sensacionalista pelos leitores.

Se existe algo que hoje precisa ser revisto no Brasil, é essa tendência a

114 | Comunicação Empresarial de A a Z

ver sempre o lado negativo, mesmo quando ele não existe. Há necessidade de uma ruptura com essa herança portuguesa dos idos da Colônia. Nos últimos anos, o jornalismo mudou muito. A concorrência acirrou-se. A crise econômica fez com que as redações encolhessem os seus quadros, profissionais experientes fossem trocados por profissionais recémsaídos das faculdades. Mas a mudança maior foi que a denúncia se tornou o parâmetro de qualidade. Duvidoso, mas um parâmetro.

Resultado: a desconfiança assumiu a vanguarda das preocupações. Claro, o jornalista tem que ser desconfiado, precisa ser cético, precisa apurar, investigar, checar as fontes. Daí a abraçar a cultura da desconfiança permanente vai uma diferença muito grande.

Na verdade, o muro que com relativa freqüência separa jornalistas e empresários é uma metáfora viva do Brasil deste início de século. Fala-se muito em cidadania, em respeito à verdade, em direitos civis. Mas continuamos apegados ao velho dogma de que todos são culpados até que provem ser inocentes. Isso é péssimo. Péssimo para os empresários. Péssimo para os jornalistas.

A mídia, na sociedade democrática, tem muitas responsabilidades. A denúncia é uma delas. Mas existem outras. Por exemplo, educar a sociedade e reduzir tensões a partir da informação correta e da crítica alicerçada em fatos. Lima Barreto, num dos seus contos, relata a história de um jornalista do interior que incendiou a residência de um concorrente na esperança de conquistar um grande número de leitores. Tomou como inspiração a notícia de um grande incêndio no Rio de Janeiro. Lia os detalhes e imaginava: quantos jornais venderiam se pudesse noticiar algo semelhante?

Em *Recordações do Escrivão Isaías Caminha*, o mesmo autor afirma: "No jornal, compreende-se o escrever de modo diverso do que se entende literalmente. Não é um pensamento, uma emoção, um sentimento que se comunica aos outros pelo escrito; não é o pensamento, a emoção e o sentimento que ditam a extensão do que se escreve. No jornal, a extensão é tudo e avalia-se a importância do escrito pelo tamanho; a questão não é comunicar pensamento, é convencer o público com repetições inúteis e impressioná-lo com o desenvolvimento do artigo".

Guardadas as proporções, no tempo e na história, as palavras de Lima Barreto sugerem reflexões, pois permanecem atuais. E nelas jornalistas

Da Agenda de Notas | 115

e empresários muito podem aprender a respeito do papel social de cada um e, em especial, do valor da ética e do compromisso com a transparência na consolidação e aperfeiçoamento da democracia. Porque, apesar dos muitos problemas, é ainda mais atual a prática que a Coca-Cola adotou de abrir as portas, mesmo correndo o risco de os fatos serem confundidos com ficção.

O impasse da comunicação interna

Freqüentemente tenho encontrado dirigentes de associações de classe que reclamam da vulnerabilidade da comunicação interna. Um inventário das queixas necessariamente registra:

- Os diretores não se comunicam entre si e agem isoladamente.
- Não conseguem transmitir as mensagens chave da entidade nem para o público interno nem para o público externo.
- Não têm comunicação com o quadro gerencial.

Essas contradições propõem duplo problema. De um lado, como motivar as equipes a se engajarem na comunicação. Ao permanecer inerte diante dos desafios do endomarketing, corre-se o risco de ficar do lado do pior. Existem entidades, e entidades influentes, em que os funcionários sequer conhecem os diretores. De outro, como lidar com a questão do tempo.

Há escassez de tempo. Se é assim, pouco adianta organizar palestras, *workshops*, editar jornais, preparar cursos de redação para executivos, realizar *media-trainings*. Os momentos de entusiasmo se dissiparão como chuvas de verão. A necessidade de mudança justifica a ação: integrar o conjunto das estratégias com o marketing interno. Fora disso é como cavar buracos na areia.

Questões do dia-a-dia*

Eis alguns temas-chave da atualidade da comunicação que as empresas precisam anotar e não esquecer de levar à prática.

Press-Release

Há uma contradição nas discussões em torno da sua utilidade. Há quem diga que ele perdeu a força, deixou de ser útil e que, nas redações, tem sempre um único destino: a lixeira. Não é verdade. O velho *release* apenas está vestindo roupa nova, ganhando contornos mais sofisticados. Ele se transformou em peça primordial nos momentos de crise, por exem-

---

*Adaptado de artigo publicado originalmente na Revista Imprensa.

116 Comunicação Empresarial de A a Z

plo. Funciona como unificador de linguagem, consolida informações, traduz um ponto de vista, um posicionamento.

Ninguém imagina lançar um produto sem divulgar um *press release* e existem assessorias, mais cuidadosas, que preparam diferentes *releases* para diferentes jornais. Assim, asseguram melhor espaço, sobretudo na mídia regional. Desprezar o *release* equivale a negar a eficácia da comunicação empresarial. O que o *release* necessita é ser bem escrito, com estilo tão ou mais atraente do que uma reportagem, porém sem jamais cometer os pecados mortais da imprecisão nos dados, da falta de sobriedade nos adjetivos, que devem ser evitados sempre, e, o que é pior, levantar polêmicas, salvo se assim desejar a empresa.

O *release* deve conter uma abertura criativa e um final que leve o jornalista a procurar a empresa para a elaboração de uma reportagem de verdade. Em hipótese alguma, o *release* pode substituir a fonte. Não é uma informação acabada, mas um ponto de partida para apoiar o trabalho do jornalista. Recomendações finais: nos casos de *releases* especiais ou que envolvam temas complexos, é aconselhável ler o seu texto em voz alta, na companhia de um colega para avaliar a sonoridade das palavras, o ritmo das frases. O bom texto é como a boa música. Soa como uma partitura, de forma mágica e original.

Assessorias de Comunicação

Como escolher uma assessoria de comunicação? Em qualquer situação, é preciso levar em consideração alguns itens fundamentais: a experiência da equipe de trabalho, o *network* em meio aos jornalistas, proprietários de jornais e o conjunto dos formadores de opinião, a sensibilidade para o ambiente político do País e suas tendências e, em especial, o atendimento personalizado. E, cuidado, é aconselhável manter distância de agências de cultura ética duvidosa e, também, de quem não consiga manter uma equipe estável. Um *turnover* elevado geralmente transmite insegurança e dificulta a continuidade do trabalho. Empresas de comunicação são como redações: precisam de pessoas com conhecimento e determinação para fazer o melhor. Como nas redações, entram em pane se a rotatividade de pessoal for uma rotina, não uma exceção. Porque toda comunicação precisa ter ritmo, precisar fluir com consistência e leveza. A comunicação não acontece isoladamente da história da empresa e do ambiente social. Existe um passado e um futuro. Um antes e um depois.

Publicidade

Recentemente, uma jornalista de um influente jornal de economia, ao ser convidada para entrevistar uma empresária européia, assim reagiu "Os estrangeiros vêm para cá, utilizam a mídia para divulgar seus negócios, não anunciam e quem perde o emprego somos nós". Não cabe aqui discutir se a pauta em questão tinha ou não interesse jornalístico, mas trazer à tona um debate nascente e de grande atualidade.

A comunicação feita pelas assessorias de imprensa e a publicidade não são excludentes, mas complementares. Uma reforça a outra. Nas assessorias, o objetivo é lançar pontes entre a fonte de informação e o jornalista, traçar estratégias, organizar dados relevantes para divulgação, enfim, criar uma política de relacionamento para encontrar um ponto de equilíbrio entre a ação construtiva das empresas e um novo momento da sociedade em que cresce a influência da opinião pública.

Na publicidade, o traço distintivo é a motivação, a emoção, o encontro das qualidades positivas de uma marca ou de um produto com aquilo que o mercado deseja ou poderá vir a desejar. O aspecto importante e profundo da publicidade é a criação de imagem, de uma identidade. A publicidade, tal como é conhecida nos dias atuais, surge com a expansão do capitalismo e está na base da liberdade de imprensa nas sociedades democráticas.

Portanto, imaginar que a informação independente pode existir sem a publicidade é, no mínimo, um equívoco. Aliás, um equívoco que precisa, com urgência, ser superado. Existem assessorias de comunicação que quantificam os seus resultados esgrimindo valores que seriam gastos em publicidade se as empresas, em lugar de ocupar gratuitamente o espaço editorial, tivessem de pagar pelo espaço comercial. E existem, por outro lado, aqueles que pensam que a divulgação de notícias jornalísticas exclui, ou minimiza, o valor da publicidade. Isto não é construtivo. Empresas de comunicação fortes dependem de veículos de comunicação igualmente fortes. E estes só existirão se a publicidade for vigorosa. Fora dessa complementaridade virtuosa, nada resta a fazer. Ou melhor, resta apenas a disposição para iludir a si mesmo com a falsa idéia de que se pode vender comunicação em detrimento das verbas de publicidade. Pura ilusão!

Por que essas questões? A atmosfera de democracia que se afirma no País está mudando a comunicação empresarial de alto a baixo. Há muito que discutir, muito que renovar. A vinculação da comunicação aos lucros que as corporações realizam ou deixam de realizar alcançou proporções inimagináveis. Por isso, é imperativo o diálogo permanente entre empresários e comunicadores, mesmo que seja apenas para exercitar a grande arte do relacionamento.

Para além da imagem e do lucro*

Vamos falar com franqueza: a comunicação das empresas e entidades está se sofisticando e ganhando nova dimensão. Imagine: antes de um evento importante de um desses setores que movimentam bilhões na economia, as lideranças se reúnem para discutir o papel de cada um no relacionamento, naquele dia, com a mídia, parlamentares e representantes do Executivo.

– Nós vamos vender nossas teses. Com a imprensa, vamos evitar qualquer mensagem que possa gerar conflito. Com os parlamentares e autoridades vamos expor nossos pontos de vista com relação à reforma tributária. Nada de muitas palavras. Precisamos ser objetivos. Na hora do almoço cada um fica em frente ou ao lado de alguém influente para vender nosso peixe.

Cenas como essas são cada vez mais freqüentes. Como são cada vez em maior número as empresas que se desdobram em cuidados com a opinião pública. Isso porque entidades e empresas estão atentas para o fenômeno da organização da sociedade civil. Estão também atentas para o fato de que o referencial maior da mídia, a despeito das graves dificuldades financeiras, é o cidadão, a sociedade, a opinião pública, este personagem magnífico que exige sempre menos palavras e mais ações.

Hoje, as empresas discutem frase por frase, conceito por conceito, minuciosamente, tudo aquilo que é publicado na mídia. A mídia pode proteger um setor da máfia das fiscalizações, por exemplo, como pode desencadear uma onda de processos dos consumidores. Pode resultar no embargo de uma obra ou na prisão de empresários responsáveis por crimes de poluição, como aconteceu com os donos das empresas Cataguases,

---

Adaptado de artigo publicado originalmente na Revista Imprensa.

cujos bens foram bloqueados. Motivo: a empresa causou um colossal desastre ecológico na divisa de Minas com o Rio de Janeiro, deixando 600 mil pessoas sem água em oito municípios fluminenses, todos na região dos rios Pomba e Paraíba do Sul. Em nenhum momento, os donos do negócio vieram a público para informar com precisão o que, de fato, originou os vazamentos de produtos químicos, causando o maior desastre ecológico de que se tem notícia no País.

Um exemplo para pensar

Num momento em que jornalistas e assessores terçam armas em torno da comunicação do governo, vale a pena ler as palavras de Walter Cronkite, em suas memórias de repórter:

> *"Vou dizer como eu lidaria com a imprensa caso algum dia, por milagre, se realizasse o sonho mais desvairado de meus pais e eu me tornasse presidente. Com base no fato de que apenas os principais jornais, agências noticiosas e redes de televisão mantêm correspondentes regulares na Casa Branca (e de que aquelas multidões de repórteres se formam apenas nas coletivas presidenciais), eu adotaria algo semelhante à técnica de Roosevelt. De modo irregular, mas freqüente, mandaria chamar para uma conversa informal e extra-oficial (até declarações em contrário) quaisquer jornalistas que estivessem presentes. Claro, esses encontros improvisados precisariam ser ampliados para incluir as centenas de outros repórteres que não estão regularmente na Casa Branca, mas isso poderia ser feito mediante aquele mesmo tipo de coletiva televisionada que se tornou padrão(...) Depois de Roosevelt, o presidente que melhor lidou com a imprensa foi provavelmente John Kennedy, embora devamos lembrar que, certa vez, furioso com algo que o ofendera, ele baniu da Casa Branca o New York Herald-Tribune. Alguns dos seus amigos mais chegados eram jornalistas, e entre eles se destacava Ben Bradlee, que, na presidência de Kennedy, foi chefe da sucursal da Newsweek em Washington e depois editor-chefe do Washington Post.(...) Kennedy parecia tão à vontade com a imprensa quanto Nixon se sentia intimidado."*

As fórmulas de relacionamento com a mídia dos dois presidentes eram radicalmente antagônicas. Kennedy acreditava que, quanto maior a credibilidade da imprensa, maior seria a sua própria credibilidade. Nixon apostava no extremo oposto: se pudesse diminuir a credibilidade da imprensa, aumentaria sua própria. Acabou perdendo o cargo. Kennedy entrou para a história como um dos maiores presidentes dos EUA em todos os tempos.

O espírito de equipe

No alvorecer do século 19, os teóricos da organização do trabalho não sabiam como enfrentar um grave problema: a compulsiva tendência do trabalhador de produzir pouco e, o que era pior, não ser criticado pelos colegas por essa atitude negativa.

Vivia-se uma época de grandes embates ideológicos, impulsionados pela ascensão do marxismo, e o trabalhador quase sempre se comportava de forma radicalmente contrária aos times de beisebol e *cricket*, tão cultuados nos Estados Unidos e na Inglaterra, países de vanguarda do desenvolvimento industrial. Neles, quem não rendesse o melhor de si era considerado um traidor e segregado pelos companheiros. Nas fábricas, não. Quem não produzia era alçado à condição de quase herói. Hoje, o dilema é outro. O desafio é criar o espírito de equipe orientado pelas estratégias da alta administração.

Nesse sentido, a cultura de comunicação contribui para o fortalecimento das lideranças e, com isso, fica mais fácil motivar o quadro de colaboradores. Quem sabe se comunicar nunca é vago ou ambíguo, entende perfeitamente que a empresa é uma equipe e que todos devem formar um corpo só na busca de melhores posições no mercado. Isso se torna mais valioso quando se constata que, num ambiente onde as ideologias estão se transformando numa relíquia histórica, o profissional que não trabalha perdeu a aura de herói e também espaço nas corporações modernas.

As dicas da Dad*

Aos cinco anos de idade, Dad Squarizi deixou o Líbano, de navio, para se refugiar em Paris, seguindo os passos do pai, um político que abraçou a

---

*Adaptado de artigo publicado originalmente na Gazeta Mercantil.

Da Agenda de Notas | 121

causa da independência do seu país, foi derrotado e, do dia para a noite, viu-se obrigado a buscar a dolorosa segurança do exílio. A certeza da volta imediata era tão forte que as malas nunca foram totalmente abertas durante o longo périplo da família pela França, Espanha, Argentina e, no Brasil, pelas cidades de São Paulo e Porto Alegre.

As mudanças, sempre com as malas fechadas a chave, foram tantas que Dad nem se lembra de onde nem quando foi alfabetizada. Mas é certo que primeiro aprendeu francês e, depois, português e inglês. Quando, afinal, a família se fixou no Brasil, a mala do pai exilado foi aberta, dela brotando, como nas mil e uma noites, jóias, tapetes, retratos e narguilés. Tinham se passado oito anos desde a partida de Beirute, seu pai estava morto, deixando a mulher e sete filhos junto com a recordação do gosto, quase obsessão, pelos estudos e um sorriso largo, otimista.

O tempo passou, a menina Dad, que sentiu medo e sem chão, quando embarcou no navio fugindo para a França, tornou-se uma especialista em gramática. Gramática francesa, gramática inglesa e, sobretudo, gramática portuguesa. Tornou-se uma apaixonada pelo tema. Seus vastos conhecimentos da língua fizeram com que ela, que trocou Porto Alegre, parada final dos Squarizi, por Brasília, se tornasse numa refinada redatora de discursos. Uma professora solicitada. O passo seguinte foi escrever uma saborosa coluna, *Dicas da Dad*, no *Correio Braziliense*, a convite do jornalista Ricardo Noblat, com quem lembra ter aprendido que tudo pode se repetir, menos a *mesmice*.

Ela conta: "O *Correio* estava em fase de renovação. Me deu espaço e visibilidade. Eu colaborava nas várias editorias. Tempos depois, o Tribunal de Contas do Distrito Federal abriu concurso. O jornal quis oferecer um serviço aos 30 mil candidatos. Aí, nasceram as *Dicas de Português*. Teriam vida curta. Morreriam quando se realizassem as provas. Sobreviveram. Talvez por terem preenchido o vazio de material didático atualizado, tratado com linguagem jornalística."

Foi tamanha a repercussão entre os leitores que as *Dicas da Dad* viraram livro. Dois livros, para ser exato. São textos curtos, elegantes, fáceis de compreender e assimilar. Bem humorados, são assimilados naturalmente, sem esforço. Tratam de temas complexos, como escrita correta das palavras, morfologia, sintaxe, fonética e estilo, mas o leitor, por mais resistente que seja ao assunto, fica fascinado e não consegue parar. Há leveza, magia e suavidade nas *Dicas da Dad,* que às vezes extrapolam

122 Comunicação Empresarial de A a Z

a gramática para sugerir que as pessoas falem menos e escutem mais, certamente porque o silêncio é o contador dos sábios e o ouro dos tolos.

Em qualquer língua, a gramática é uma espécie de monstro devorador. Uma versão escrita do antigo Minotauro do labirinto construído por Dédalo na antiga ilha grega de Creta. A palavra tem suas origens no latim *grammatica*, lá pelos idos do século 12, tomada de empréstimo do grego *grammatiké*. Literalmente, "aquele que conhece as letras". No princípio, esteve intimamente associada aos estilos literários, à construção da lingüística e das regras do bem falar das elites.

No século 19, transbordou para outros domínios, a exemplo das artes, para condensar conjuntos de regras e normas. Contudo, sempre assustou aqueles que não conhecem o fio do labirinto para encontrar o caminho certo para lidar com seus segredos e armadilhas. Do alto da sua experiência e sabedoria, Dad diz que todas as gramáticas são muito parecidas e que é muito fácil aprender suas regras. Basta não se sentir intimidado e encarar o desafio de estudá-las sem pressa nem ansiedades.

É exatamente o que Dad leva à prática no seu livro *Dicas da Dad, português com humor.*

É um livro para ser devorado como musse de chocolate, de uma vez só ou aos pedaços, saltando páginas e dando, claro, muitas e boas gargalhadas.

Capítulo 5

Dilemas e Trunfos
do Porta-voz

"Não há fumaça sem fogo."
Provérbio popular
"A realidade é como o branco que resulta da reunião de cores do arco-íris."
Edgar Morin

124 Comunicação Empresarial de A a Z

Porta-vozes, verdades e mentiras*

A comédia de erros de comunicação no drama do Residencial Barão de Mauá é um marco na manipulação da opinião pública por empresas e órgãos públicos.

Na Macedônia, era um privilégio beber das águas cristalinas da fonte que abastecia a família de Alexandre, o Grande. Fazia parte de uma complexa rede de abastecimento cuidada tão zelosamente quanto os escritos sobre poesia, filosofia, história e medicina. A fonte da família real, que ficava no centro de um jardim exuberante, velado noite e dia por soldados armados, era associada ao vigor físico, à juventude e à beleza.

Guardadas as proporções no tempo e na história, a fonte jornalística é feita da mesma essência do palácio do imperador da Macedônia. Dela se espera coerência, consistência e, sobretudo, fidelidade aos fatos. Infelizmente, não é o que costuma acontecer no Brasil dos dias atuais. E, por essa razão, o que se vê no cotidiano são empresas e órgãos públicos se expondo à perda da credibilidade, de forma absurda e desnecessária. O exemplo da crise que envolve o Conjunto Residencial Barão de Mauá, na Grande São Paulo, é emblemático.

A história é conhecida, pois freqüentou, com assiduidade, as páginas dos grandes jornais. Uma explosão numa das caixas d'água subterrâneas causou a morte de uma pessoa e, logo a seguir, ficou constatado que os cerca de 5.000 moradores do conjunto estavam expostos a grande concentração de gases e mais de quatro dezenas de poluentes, entre eles o benzeno, que é altamente cancerígeno. A partir daí começou uma vasta comédia lamentável de mentiras e omissões. O empresário Abraham Kasinsky, dono e presidente da Cofap, que utilizou o terreno do Residencial como depósito de lixo industrial no passado, simplesmente lavou as mãos. Disse que nada sabia e transferiu a responsabilidade para a prefeitura. Esta, por sua vez, acusou a Cetesb, que acusou as empresas responsáveis pelas obras – a SQG Empreendimentos e a Paulicoop.

Como se nada disso bastasse, a Cetesb (Companhia de Tecnologia de Saneamento Ambiental) ficou 484 dias em silêncio, sem dizer uma única palavra quanto à extensão dos riscos a que estavam expostos os mora-

---

*Adaptado de artigo publicado originalmente na Revista da CNI.

dores. Nada. Nem um relatório, nem uma nota oficial, nem uma correspondência. Mais tarde, quando a verdade veio à tona, o secretário estadual de Meio Ambiente, Ricardo Trípoli, tentou contemporizar. A Cetesb guardou silêncio para não alarmar a situação.

Colheu exatamente o efeito inverso. E foram tantos os protestos que o governador Geraldo Alckmin se viu obrigado a intervir. Era tarde. O estrago estava feito. No residencial, ninguém acreditava mais nos órgãos públicos nem nas empresas responsáveis pelo terreno e pelas obras. Disse uma moradora do conjunto, de nome Maria José Araújo, 50 anos: "A gente tem de ficar como fiscal. Eles dizem que são órgãos competentes, mas foram eles que liberaram a obra". Também ficou claro que Kasinsky e os construtores sabiam que estavam vendendo e construindo numa área condenada. Fica a pergunta: quem é o responsável pela comunicação irresponsável?

Ensina o bom senso que, nos momentos de crise, a credibilidade é o trunfo maior de quem está acuado. Não cabe entrar no mérito se houve ou não houve má-fé por parte das empresas e órgãos públicos envolvidos. A lição que fica da crise do Residencial Barão de Mauá é que as fontes de informação têm um compromisso efetivo com a sociedade. São elas que abastecem a mídia, mas antes disso é preciso entender que da qualidade da informação que transmitem vai depender o maior ou menor grau de ansiedade e incerteza do cidadão.

Se há um ponto em que os historiadores e sociólogos concordam, é quanto ao papel social da informação. Manipulada, trabalha contra a sociedade. Subverte os valores democráticos. Tratada com seriedade, torna-se vital para o seu progresso e desenvolvimento. Consolida as liberdades públicas. Isso porque a informação satisfaz uma necessidade básica da humanidade. E no regime democrático é o ponto de partida e de chegada de práticas transparentes e construtivas.

Nos próximos anos, a questão ambiental será um tema candente para a sociedade brasileira. Basta lembrar que existem dezenas de áreas consideradas de alto risco. Animados pela defesa dos seus interesses, os cidadãos estão se organizando e vêm encontrando apoio na mídia. Empresas e órgãos públicos parecem ainda estar vivendo no passado. Não descobriram que é impossível mentir por um tempo sequer curto. Mentem hoje, no dia seguinte as mentiras são descobertas e ganham a imprensa.

Obviamente, não é a mídia quem prega o caos. A mídia apenas espelha a realidade. Erra, às vezes. Claro. Mas sabe que é obrigada a corrigir a si mesma por pressão da opinião pública. As fontes de informação precisam atentar para essa nuança explícita do cotidiano brasileiro.

Se desejam contar com a mídia e com o cidadão como aliados, precisam aprender a se comportar como fontes fidedignas de informação. Porque uma fonte que se preze não fala hoje o que sabe que irá desmentir amanhã.

Alexandre, o Grande, viveu numa época em que não existiam jornais, revistas e muito menos o rádio, a televisão e a Internet. Os relatos dos seus feitos eram escritos por escribas especialmente contratados para manter viva a história. O imperador, porém, cultivava o hábito de lê-los pessoalmente para corrigir exageros, bajulações e falsas versões. Como modernizador do seu tempo, o homem que unificou o mundo helênico sabia o valor da verdade. Tão preciosa quanto as águas da fonte onde saciava a sede da corte e dos convidados ilustres. O cristal do seu exemplo permanece intocado e sugere muitas, e valiosas, lições aos porta-vozes desta nova era de comunicação em tempo real.

A força da imagem*

No Brasil dos dias atuais, a comunicação pode contribuir de forma decisiva para que as entidades de classe trilhem dois caminhos interligados. O primeiro está associado ao indispensável posicionamento junto ao governo no grande debate em torno das reformas da previdência, tributária, política e trabalhista.

Em paralelo, a comunicação representa um suporte valioso para conquistar simpatias da sociedade para reivindicações, incluindo temas que vão desde a ética concorrencial até incentivos para a exportação ou linhas de crédito a juros baixos. Ou seja, aquele estilo que os teóricos chamam de *low-profile* perdeu força definitivamente. Em seu lugar, a comunicação desponta como fator decisivo de competitividade, isto no caso das empresas, e de credibilidade, no caso das entidades de classe.

Adaptado de artigo publicado originalmente na Revista Imprensa.

Estas ocupam posição central na vida brasileira desde que a economia começou a se organizar, ainda nos idos do império. Faz parte da história o célebre discurso inaugural da Sociedade Auxiliadora da Indústria Nacional proferido em 1827 pelo empreendedor Ignácio Álvares Pinto de Almeida, que, referindo-se ao Brasil, defendeu perante o Imperador Dom Pedro I o "necessário sacrifício patriótico de extirpar do seu seio o cancro da escravidão que lhe corrói as entranhas e o enfraquece na marcha da prosperidade". E distribuiu violentos ataques à importação de chapéus europeus. Obteve tamanho sucesso que usar chapéu feito no Brasil, no século 19, tornou-se símbolo nacionalista.

O tempo passou. As entidades de classe se multiplicaram. Nos idos do governo Vargas foram decisivas para consolidar o modelo de substituição de importações. No ciclo militar pós-64 ocuparam o lugar dos partidos, conquistando admirável influência. No período que agora começa terão que ser ainda mais atuantes. Isso porque o orçamento oficial é restrito, as demandas de capital são crescentes e os grupos em disputa pelo poder de decidir ou influenciar decisões são cada vez em maior número e mais organizados.

O desafio é desvencilhar-se dos vícios do passado. Hoje, não basta conhecer o ministro, ter amizade com um assessor destacado ou contratar um lobista. O efeito prático da democratização do País é que as entidades de classe precisam que seus pleitos, mesmo que justos, encontrem ressonância na sociedade. Caso contrário, nada feito.

A realidade mostra que cada vez mais tal constatação é verdadeira. As iniciativas em busca de adaptação saudável se sucedem, porque mudaram os parâmetros. Nada mais pode ser feito debaixo do pano. Até pode, mas, se vier a público, os envolvidos serão atacados sem trégua.

Com a consolidação da democracia, floresce uma prática pedagógica ditada pelo choque transparente de tendências que faz da comunicação a *pedra de toque* – aquela que na Antigüidade se dizia ser a pedra utilizada para medir o valor de todas as pedras preciosas. Mas é essencial que fique claro: a comunicação galgou essa posição estratégica porque a sociedade tem liberdade e, portanto, exige o direito ao diálogo. Não é uma panacéia, mas um fenômeno definitivo de um tempo de grandes mudanças.

A mágica e traiçoeira sedução das palavras

A palavra é a matéria-prima básica do jornalista e do porta-voz das empresas. E as palavras são armas potentes contra a ignorância, a prepotência e a mentira. São também ferramentas úteis para tornar visíveis fatos positivos e compromissos éticos. "As palavras têm uma alma", escreveu o poeta Paul Claudel. Ele explicava que entre a palavra oral ou escrita e a realidade existe uma relação dinâmica de compromisso. Em *Os donos do poder*, o jurista e historiador Raymundo Faoro fala do homem colonial, amante das palavras de grande força, esplêndidas, de tom épico, mas de escassa vontade realizadora, infenso à ação. Franklin Delano Roosevelt, que ocupou a Casa Branca de 1933 a 1945, era idolatrado pelos jornalistas, que riam das suas piadas, davam destaque às suas declarações, faziam vista grossa para as notícias que ele plantava e boicotavam os colegas mais novos que o fotografavam na cadeira de rodas. Cuidadoso na comunicação, foi reeleito quatro vezes em tempos muito difíceis. Chegava ao requinte de mandar retocar suas fotos para que não viessem a transmitir uma imagem de imobilidade. Roosevelt não chegou a cumprir seu quarto mandato, tendo falecido meses após ser eleito. Mas conseguiu conquistá-lo porque era capaz de transmitir à sociedade que sabia governar e governava melhor que os adversários. Comunicador nato, entendia a alma das palavras. Entendia mais. Entendia que as palavras compõem uma história, uma proposta, uma concepção de mundo. São como um balé que não comporta improvisações, nem quadros isolados de um contexto.

Na empresa, as palavras exigem cuidados. Mais do que cuidados. Cautela. Devem ser pesadas, medidas e estar sempre associadas a uma visão estratégica de comunicação. Uma crítica a uma autoridade pode causar grandes prejuízos a um negócio. Uma crítica a um concorrente pode expor todo um setor da economia a atitudes predatórias. Uma palavra mal colocada num discurso, numa carta, num e-mail pode demolir a carreira de um executivo. No mundo empresarial, os acertos ou erros das palavras – leia-se comunicação – se refletem imediatamente em perdas e danos. No campo da política, o que está em jogo, a depender da qualidade ou não da comunicação, é o inflexível termômetro da credibilidade. Diante de um jornalista, não se deve capitular perante a magia das palavras, ao mesmo tempo que não se deve deixar-se levar ingenuamente pela sua traiçoeira sedução.

Caprichos fora do lugar

Por desinformação ou por estarem na contramão no espírito do tempo, não são poucos os empresários que exigem o impossível das suas assessorias de imprensa. Por exemplo, exigem ser capa de revistas como *Exame* ou *Veja*, exigem que artigos que assinam venham a ser publicados rapidamente em jornais de circulação nacional e, muito freqüentemente, reclamam dos títulos das reportagens, de informações que não gostariam que viessem a público e perdem o controle quando é publicada alguma notícia mais importante, que venha a bater de frente com seus interesses.

A assessoria é uma ponte entre a fonte de informação e a mídia. Se é competente, irá planejar estratégias de comunicação e integrar a linguagem das diferentes mídias dentro de uma proposta de posicionamento. Também tornará visível a imagem positiva da corporação e, acima de tudo, evitará conflitos desnecessários com a mídia e a opinião pública.

No dia-a-dia, a assessoria é vital para a negociação de pautas, ocupar espaços nas reportagens, em especial aquelas que primam por serem críticas. É vital ainda para alertar as redações sobre boatos, divulgar informações consistentes e dar traços firmes a uma política de relacionamento.

Com o governo Lula, os comunicadores terão a oportunidade única de participar de um momento de total plenitude democrática da vida brasileira: a transição de uma ditadura militar para um governo de esquerda à semelhança do que aconteceu na Espanha pós-Franco. Haverá bastante conflito. Natural a um ciclo de mudanças. A expectativa é que o empresariado participe ativamente dos embates que estão a caminho. A compreensão do efetivo papel das assessorias será, certamente, um fator definitivo de êxito.

Empresários, beduínos e Maquiavel*

O termo "fonte", no jornalismo, está intimamente associado à produção de notícias. De uma época a outra, os personagens que exercem esse nobre papel, às vezes nem sempre tão nobre, de difundir informações são admirados pelas suas virtudes, condenados pelos seus caprichos ou vícios de manipulação, assediados pelas novidades que possam divulgar ou enigmas que possam contribuir para esclarecer.

Raras, raríssimas mesmo, são aquelas empresas que não ambicionam formar porta-vozes. Todas, quase sem exceção, desejam e sonham' ocupar espaço na mídia, participar de alguma forma desse grande jogo de poder que é influir e ser respeitado pelos jornalistas. Talvez, mais do que a opinião pública, seduza o respeito do jornalista.

Adaptado de artigo publicado originalmente na Revista Imprensa.

130 Comunicação Empresarial de A a Z

Fala-se dele com ácidas críticas quando escreve contra, mas quando escreve a favor é como se fosse um deus. É símbolo de *status* profissional ter intimidade com jornalistas famosos, almoçar ou jantar com eles, citá-los pelo nome com familiaridade em reuniões de trabalho.

Mesmo executivos ou empresários mais discretos adoram relatar a facilidade com que se relacionam com jornalistas influentes e buscam proximidade daqueles que se projetam ou revelam carreiras promissoras. Não há capital mais forte para um assessor de comunicação do que o seu *network* na mídia. A hierarquia da valorização é proporcional ao acesso aos donos de jornal, editores e, finalmente, repórteres. Porque o restante é fácil comprar no mercado. Estou me referindo à parte do conteúdo do trabalho e do atendimento. Redatores com bom texto existem muitos. Profissionais de atendimento, também. Mas o relacionamento é uma conquista de anos e anos.

Se o jornal pode ser comparado a "uma carta coletiva dirigida à multidão", no dizer do escritor francês Andréas Freund, o relacionamento é como um tesouro exclusivo. Não se transfere, não se empresta, não se dá, não se vende. Os profissionais de maior êxito nas assessorias são aqueles que conseguem fazer o casamento das fontes certas com os jornalistas certos dentro de uma proposta eficaz de respeito mútuo. A base de tudo é a confiança. Lembro de um editor de jornal que me contou a seguinte história. A fonte confiava tanto nele que o autorizou a escrever declarações em seu nome, sem consulta prévia. Então, um grande negócio começou a ser negociado. Jornalista e fonte conversavam todos os dias. O negócio estava fechado, repetia a fonte, mas pedia sigilo. Um dia o mercado ficou sabendo do negócio e o jornalista passou o dia inteiro atrás da fonte, sem encontrá-la. Publicou matéria confirmando o negócio. No dia seguinte, a fonte explodiu. Chegou a xingá-lo. Horas depois, ligou para pedir desculpas. A repercussão da matéria estava sendo das mais favoráveis. Não deu certo. O jornalista foi claro: "Nunca mais falo com você." E não falou. No jargão jornalístico, a fonte pertencia ao "manto sagrado". Deixou de ter esse privilégio só reservado àqueles que dão boas notícias, são confiáveis e cumprem os ritos não escritos do relacionamento fonte-jornalista.

O fim do porta-voz chapa branca
No passado, lá pelos idos de 1970, era diferente. Poucas empresas se interessavam pelo relacionamento com a mídia. Também, não era preci-

so. Viviam-se os tempos de chumbo do ciclo militar e a imprensa quase não tinha voz. Além disso, não havia abundância de produtos e serviços. O consumidor era obrigado a se contentar com aquilo que o mercado impunha. À época, multiplicavam-se os porta-vozes do tipo oficial e o que eles diziam soava como as tábuas da lei.

Na década de 90, a democratização e o sistema de mercado mudaram tudo. De alto a baixo. Os porta-vozes do tipo oficial, os chapas brancas, monótonos e repetitivos, não desapareceram, mas perderam força, e muito. E aqueles que conseguiram se afirmar, foi porque mudaram. Compreenderam que a mídia ocupava o centro de um círculo que englobava o conjunto da sociedade, do parlamento aos meios de produção, da Justiça aos movimentos populares, da academia ao ensino público, dos partidos às agências de defesa do consumidor, do mercado aos grandes temas de atualidade... Com a democratização, todas as portas se abrem para os jornalistas, mesmo as mais bem guardadas. E é simples compreender: os jornalistas são representantes legítimos da sociedade. E na democracia tudo emana do cidadão.

Assim, chegamos ao século 21 e uma das novidades em termos de comunicação é que as fontes jornalísticas se ampliam a cada dia. Há poucos anos, bastava dialogar com os clientes, um ou outro órgão publico e uma empresa certamente poderia controlar uma crise com facilidade. Agora, não. As fontes se ampliaram. As informações circulam com facilidade pelo Ministério Público, as associações comunitárias, as ONGs, as prefeituras, enfim, as fontes jornalísticas estão por toda parte. E se organizam, também.

A jornalista Norma Souza de Alcântara apresentou na Escola de Comunicações e Artes da Universidade de São Paulo uma instigante monografia. O tema? *Relações das fontes com a mídia.* Chama atenção pela atualidade, pela originalidade e pela tese central: a necessidade imperativa da credibilidade. Ler o trabalho de Norma de Alcântara é educativo. É pleno de nuanças. De observações e conselhos úteis.

Traz à luz um dilema da atualidade do jornalismo: o papel das assessorias como fontes de informação e a influência que estas venham a ter, ou têm, na elaboração das pautas. Há quem se posicione positivamente a favor do trabalho das assessorias, quem tenda a relegá-las a um plano secundário, quem simplesmente se disponha a ignorá-las. Enfim, uma plétora infinita de visões.

Água no deserto

Na verdade, vive-se o impasse, as dores e alegrias de uma saudável transição. As assessorias são mediadoras entre os jornalistas e as fontes reais de informação: ou seja, os presidentes das empresas, diretores, gerentes, quer dizer, os que vivem diretamente os fatos, aqueles que são os verdadeiros protagonistas dos acontecimentos. No passado, houve muito preconceito. O assessor era visto como uma barreira ao jornalista. Um vilão. Nunca o assessor foi totalmente assim. E, o que é melhor, não é mais assim. O assessor tipo cão de guarda, é claro, existiu e existe. Mas está fora de moda. Aliás, sempre esteve.

O que mudou foi que as empresas não se dispõem mais a recorrer a seus serviços. Se explode uma crise e a empresa ou empresas envolvidas não se dispõem a falar, outras fontes com igual ou maior credibilidade dão as informações necessárias. O jornalista, não se pode esquecer, é como um beduíno no deserto: sempre vai encontrar o oásis com água em abundância. E essa água, para ele, é a notícia substantiva, de qualidade.

O trabalho apresentado por Norma não desce a esses detalhes. Mas trata deles por outros ângulos, sempre com uma visão construtiva e realística, fruto de experiência que une o conhecimento prático e da academia.Assim, reproduz pesquisas em que os jornalistas falam das assessorias, às vezes com misto de entusiasmo e rejeição, como a coordenadora de pauta de uma emissora de televisão que desabafa: "preciso muito das assessorias de imprensa, porque necessito de quatro entrevistas por dia, no estúdio, que falem de saúde, principalmente. De saúde, serviços, educação, direito do consumidor etc..." Diz, por outro lado: "Tenho ódio da maioria dos assessores". Por quê? Vejamos o que tem a dizer a mesma fonte: "Horário é importante. Não me liguem depois das 18 horas, passem um fax só, sejam rápidos ao telefonar para a redação. Trinta segundos no máximo".

Trinta segundos.... O desabafo da jornalista poderia suscitar muitas e muitas questões práticas, a começar pelas novas urgências impostas pelo tempo real e pelas dificuldades cotidianas do trabalho jornalístico, sitiado pelos cortes de pessoal nas redações. Como metáfora, serve para explicar o crescente interesse das empresas por cursos de *media-training*.

Foi o que levou a Universidade do Sagrado Coração (Bauru) a promover uma palestra sobre o tema, para 150 alunos de publicidade, jornalismo, turismo e, sobretudo, relações públicas. A explicação para a iniciativa tem o sabor dos novos tempos: se o empresário aprende como lidar com a mídia, fica mais fácil para seus assessores trabalhar com eficiência e presteza. Pois a verdade é simples e faz lembrar Maquiavel: se o príncipe não acata as idéias dos seus conselheiros, não há como levá-las à prática. Na comunicação, talvez como em nenhuma outra área, essa é uma verdade absoluta, inescapável mesmo.

Testemunha ocular*

"Se enxerguei mais longe, foi porque me apoiei nos ombros de gigantes."
Isaac Newton

A cobertura das turbulências que envolveram a candidatura da governadora do Maranhão, Roseana Sarney, à Presidência da República diz muito de como vem evoluindo a capacidade de apuração da imprensa brasileira.

No início do século XX, o cronista João do Rio afirmava que os repórteres eram como duendes com os olhos sempre grudados nos buracos das fechaduras. Na mesma época, o jornalista John Reed, célebre pela cobertura das revoluções russa e mexicana, lamentava que a imprensa estivesse sempre construindo túneis que não chegavam a lugar nenhum, porque era apenas espectadora, nunca protagonista dos acontecimentos. Basta bater os olhos nos jornais e revistas para constatar que tudo mudou. A sensação é que os repórteres agora estão no centro dos acontecimentos, tal a riqueza de detalhes de bastidores.

Nesse contexto, a questão-chave é se, de fato, a imprensa vem refinando a sua capacidade de apuração ou, no sentido inverso, se é a força dos *lobbies* organizados que se encontra em alta. Certamente, os dois lados se fortaleceram. Mas está fora de dúvida que a imprensa amadureceu. A despeito da crise econômica que atinge as redações, tornou-se mais plural, mais substantiva, e, acima de tudo, mais harmonizada com os interesses da coletividade. Existem hoje muito mais profissionais qualificados do que no passado e, ainda, um sentimento cada dia mais consis-

---

Adaptado de artigo publicado originalmente na Revista da CNI.

134 Comunicação Empresarial de A a Z

tente de que fazer imprensa não é fazer ficção nem agir ao arrepio da legislação. Na essência, noticiar e interpretar os fatos são funções da imprensa que têm se afirmado, e quem ganha com tal evolução é a sociedade e as suas instituições.

A opinião pública é o juiz

Não é a primeira vez que a imprensa demonstra nova vitalidade nesse campo. O *impeachment* de Collor foi um marco na história e àquele episódio se seguiu um extenso cortejo de denúncias, estopim de cassações no Congresso Nacional e de um sem-número de inquéritos na Polícia Federal. Sabe-se, contudo, que se pode encontrar casos emblemáticos em tempos mais distantes: na Guerra de Canudos, Euclides da Cunha denunciou a barbárie das tropas federais; no fim do ciclo militar, o *Jornal do Brasil* desmascarou a farsa do atentado do Riocentro, para citar alguns casos emblemáticos.

A novidade que ganha corpo é o contraste entre a imediata relação de causa e efeito entre aquilo que a mídia noticia e o impacto na opinião pública, de um lado, e o apego a práticas antigas dos personagens envolvidos, de outro. Logo que as manchetes começaram a associar a governadora do Maranhão às suspeitas de operações irregulares na Sudam e de arrecadação, também irregular, de fundos para a campanha, sua cotação caiu nas pesquisas. Mas, estranhamente, a decisão de encarar o drama de frente foi adiada e, quando se partiu para a ação, não se agiu com a coerência necessária. Fica a pergunta: o que teria acontecido se ela tivesse enfrentado a crise com rapidez e dialogado com a mídia? Teria perdido credibilidade se seus porta-vozes não tivessem apresentado tantas versões contraditórias para os R\$ 1,3 milhão encontrados no cofre da empresa do seu marido, Jorge Murad?

Uma tentativa de resposta poderia ser assim esboçada. A maioria das pessoas que lidam com a opinião pública ainda cultiva a idéia de que nos momentos de crise a melhor opção é se fechar em inescrutável silêncio e evitar a imprensa. Como se fosse à imprensa, e não à sociedade, que tivessem de prestar satisfação. Esquecem ainda que existem leis no País e que seus atos são cotejados com os parâmetros legais. O tempo em que as leis eram feitas para não serem cumpridas passou, mas parece que muitos ainda vivem prisioneiros daquela antiga dicotomia. Da mesma forma se esquecem de que a mídia trabalha checando e rechecando versões. Assim, não adianta mentir. Nem tentar sustentar-se em argumentos falsos.

O trunfo da verdade

Às vezes a compulsão à fuga nasce de reações inconscientes, ditadas mais pelo condicionamento do passado – leia-se os idos do regime militar ou do Brasil Colonial – do que propriamente por algum temor de encarar a mídia. Existe, por outro lado, o sentimento de que a mídia é um inimigo e que deve ser mantida à distância. São erros que podem ser evitados, se os fatos forem explicados objetivamente, se forem apresentadas informações por pessoas que contem com reputação e credibilidade, se os detalhes da versão dos acontecimentos forem precisos e, em especial, se não suscitarem contradições.

O grande mérito da comunicação, seja na área política ou empresarial, é modernizar o relacionamento com a mídia. Por modernizar, entenda-se uma adaptação construtiva ao novo ambiente político e legal do País. O primeiro item desse posicionamento é não mentir e não extrapolar os fatos do terreno da realidade para aquele da manipulação. Falando português claro: imaginar que se vai convencer os jornalistas com versões bem arrumadas, mas que se chocam com as evidências é pura infantilidade. Nada que não passe pelo teste do confronto da realidade irá convencer a imprensa, muito menos a opinião pública. Fontes tendenciosas existem, e continuarão existindo, mas, uma vez desmascaradas, perdem imediatamente a credibilidade. Em síntese, o principio básico é admitir a verdade. Mentir é como acreditar numa miragem.

Nada disso acontece por acaso, como se a imprensa fosse um tribunal ou coisa parecida. A verdade é outra: a imprensa espelha a sociedade. Claro, tem seus erros. Muitas vezes jornalistas, jornais, revistas, emissoras de rádio e televisão invadem a privacidade, criam constrangimentos, dão acolhida a *lobbies* e não diversificam fontes de opinião ou não têm muito cuidado com as fontes que usam. Mas não é a regra, é a exceção. A grande maioria dos jornalistas é ética e persegue um aperfeiçoamento constante na capacidade de formar e influenciar a opinião pública. Inclusive porque o leitor reage, e reage radicalmente, a atitudes injustas e desonestas.

Palavras não são apenas palavras

Na área da comunicação, o conhecimento desse conjunto de nuanças é essencial. Primeiro, para evitar um problema sutil, e mais perturbador, que é aquele de querer adaptar a realidade às necessidades do cliente e não o contrário. Ou seja, captar a realidade e buscar respostas com base nas suas exigências. Depois, porque as crises podem ser evitadas. Geralmente, são previsíveis. Ocorrem mais por negligência e arrogância dos envolvidos do que propriamente por acaso. Assim, cabe ao comunicador alertar para fatos que possam bater de frente com as normas legais ou o bom senso, evitando prejuízos desnecessários.

Por fim, existe a questão das palavras. Na origem, crise é uma palavra grega que significa "separar". Uma crise, portanto, é um evento que separa duas metades da história. É um momento, como assinala o *Dicionário Houaiss*, "em que se define a evolução de uma doença para a cura ou para a morte". A questão é saber como evitá-las. E não há caminho mais seguro do que se dar conta de que o Brasil está mudando e que o cidadão está passando de ator secundário para ocupar papel principal na ribalta dos desafios e impasses do País.

Lições da História*

As empresas podem se inspirar na visão dos presidentes que revolucionaram a vida brasileira para melhorar a comunicação com a sociedade.

Uma visão retrospectiva irá revelar que quatro presidentes se destacaram pela capacidade de mudar a vida brasileira. São eles Francisco de Paula Rodrigues Alves, Getúlio Dorneles Vargas, Juscelino Kubitschek de Oliveira e Fernando Henrique Cardoso. Cada um exerceu um papel decisivo num momento histórico culminante. Rodrigues Alves enfrentou, no alvorecer da República, o drama dos surtos epidêmicos e, graças à sua ação foi reeleito, em 1918, doze anos depois de ter deixado o Catete. Vargas também governou por dois períodos, de 1930 a 1945 e, mais tarde, na primeira metade da década de 50. Liderou uma revolução, foi ditador e presidente eleito. Criou as bases de uma moderna política previdenciária, fez florescer a siderurgia e a indústria petrolífera. Juscelino Kubitschek industrializou o País, construiu Brasília e mostrou que o brasileiro é capaz de erguer uma nação próspera e em condições de competir com os países ricos. Fernando Henrique chegou ao fim do seu

---
*Adaptado de artigo publicado originalmente na Revista da CNI.

segundo mandato com o duplo mérito de ter consolidado o regime democrático e estabilizado a moeda.

Para as empresas, uma das novidades que se afirma nesse novo contexto é o permanente desafio da comunicação. Considerado como um problema ou como uma solução, a depender do ângulo de observação, a verdade é que no futuro esse desafio se tornará mais intenso, mais cotidiano, mais decisivo para o êxito dos negócios. Há promessas de muitos ganhos e também de muitas crises. Por exemplo, a comunicação na área de alimentos promete crescer em forma e amplitude, porque é inevitável que o País retome o caminho do crescimento.

Cecília Stroka, da Paper, responsável pela divulgação de mais de 300 produtos alimentícios em 15 anos, vai ao que considera o centro da questão:

"As marcas têm recebido cada vez mais atenção das empresas pelo alto valor que representam no mercado. Por isso, a comunicação de marcas deve ser forte e competitiva a fim de garantir presença na mídia e criar uma referência positiva na opinião pública. Isso serve para marcas de todos os segmentos da indústria. Em relação aos produtos alimentícios não é diferente.

A essência das notícias sobre a indústria de alimentos está determinada no interesse do consumidor. Hoje existem múltiplas opções de produtos no mercado. Quando falamos no setor alimentício, diferentes marcas possuem versões light, diet, funcionais, entre outras. E quando a imprensa, revistas e jornais principalmente, dá espaço a eles, o que se está fazendo, na verdade, é uma prestação de serviços. Uma divulgação ampliada. No entanto, é necessário distingüir a simples informação de um produto do que é a notícia. Para isso, é necessário basear a divulgação na qualidade da informação, obtendo assim um aval de credibilidade. Isso só é possível com marcas de empresas preocupadas com a qualidade."

Parece simples. Não é. É um trabalho complexo. Delicado. Qualquer falha pode "queimar" o produto no lançamento. As estratégias de comunicação não são monopólio das grandes empresas. Pequenas empresas podem, e devem, investir em comunicação. É uma questão de criatividade e escala. Uma questão de decisão política. De decisão de investimento.

O desafio das crises, por sua vez, a cada dia se torna mais presente. O comunicador Enio Campoi, da Mecânica, três décadas no ramo, já gerenciou dezenas de crises. No princípio, ele lembra, os problemas es-

138 Comunicação Empresarial de A a Z

tavam sempre relacionados com questões financeiras. Da redemocratização da década de 90 para cá, as questões sociais entraram em cena. E estão sendo seguidas por um extenso cortejo de impasses, em especial nas áreas ambientais e de questões sociais. Experiente, Enio é otimista: as empresas estão mais preparadas para lidar com as crises porque estão entendendo as regras do jogo democrático. "O brasileiro descobriu que tem direitos e tornou-se bastante reivindicativo", diz o comunicador. "As empresas não querem o confronto. Querem encontrar soluções".

De fato, essa é a novidade: a busca do entendimento, a rejeição ao confronto com a sociedade. Juscelino, em 1956, tornou-se o primeiro presidente brasileiro a ter sua posse transmitida pela televisão. Fernando Henrique Cardoso foi o primeiro a conhecer de perto os dilemas e imperativos da comunicação globalizada. Os futuros presidentes exercerão o mandato numa época em que "a prova da realidade", para usar uma expressão muito cara a Freud, surgirá a cada instante, tanto de forma positiva quanto negativa. As empresas também enfrentarão mais e mais "a prova da realidade". Nesse sentido, a lição que pode ser extraída da trajetória dos quatro presidentes que mudaram o País é que eles souberam romper com a utopia de que a realidade precisava se adaptar às suas idéias para percorrer o sentido inverso: aquele de fazer a análise da realidade concreta para mudar o curso da história.

Capítulo 6

Os Desafios da Mídia

"O jornalismo é a melhor profissão do mundo."
Gabriel García Márquez

A imprensa tem que dar lucro*

Proust foi um dos primeiros escritores a descobrir que a imprensa estava num centro que engloba tudo, do parlamento aos negócios da economia, da Justiça à Academia e, assim, sucessivamente. Começou a escrever para jornais aos 17 anos e, ao longo da vida, recorreu sempre ao charme do jornalismo para abrir as portas dos melhores salões parisienses, mesmo os mais bem guardados. E, vale lembrar, também para melhor aplicar em ações, o que fazia com invulgar habilidade.

Nos dias atuais, a visão proustiana, se o tema for a imprensa, virou lugar-comum. A comunicação empresarial é ilustrativa. Se o relacionamento com a mídia for saudável, os dividendos da imagem positiva para a corporação vêm sempre acompanhados de extenso cortejo de trunfos competitivos, a exemplo do melhor acesso às fontes de financiamento, prestígio junto aos acionistas e respeito por parte das autoridades.

Nas modernas corporações, a estratégia de comunicação tornou-se tão vital quanto o planejamento financeiro e as vendas. Em lugar de ferramenta acessória, a comunicação passou a ser sinônimo de lucro que se realiza ou que se deixa de realizar.

Estranhamente, a valorização do papel da mídia não tem sido acompanhada pelo proporcional vigor financeiro das empresas. São raros, raríssimos mesmo, os veículos que hoje não enfrentam colossais problemas de caixa, sitiados pela queda de receitas publicitárias e o crescente endividamento.

As raízes desse quadro paradoxal são múltiplas. Uma delas é a prolongada crise brasileira, que coincidiu com um momento de profunda renovação da mídia, sem paralelo no que se relaciona com a defesa do cidadão, a prestação de serviços e a profissionalização administrativa.

Contudo, há um complicador adicional que precisa ser avaliado. Não são poucas as corporações que acreditam poder economizar com publicidade, quando investem na comunicação empresarial. Ou seja, o espaço editorial conquistado pelas assessorias seria suficiente, passando o anúncio a ser desnecessário. Nada mais equivocado. Anúncio e matéria editorial fazem parte de uma mesma equação da comunicação. Um reforça o

---

Adaptado de artigo publicado originalmente na Gazeta Mercantil.

outro. Não são, nem podem ser, excludentes.

Proust viveu numa época em que a imprensa era feita de um título e o dono do título fazia e desfazia reputações ao sabor de suas conveniências. Não é mais assim. A empresa jornalística transformou-se num negócio ético e precisa do lucro para dar alicerce consistente à prática da liberdade.

A imprensa é um dos pilares essenciais ao exercício da democracia e ao funcionamento dos mercados. Sem imprensa forte, não é possível sequer a existência de assessorias de comunicação atuantes. Porque tudo converge para a mídia. Aliás, não por acaso, foi no auge do embate pelo *impeachment* de Nixon que a lendária proprietária do *Washington Post*, Katharine Graham, cunhou uma frase que vale por um livro de 1.000 páginas: "A imprensa tem que dar lucro".

A terceira face de Janus*

Janus, todos recordam, é o deus mitológico de dupla face. Uma sorridente, outra deprimida. A imprensa, como Janus, também é uma ambigüidade: metade serviço público e fiscal do poder, metade um negócio que "tem de dar lucro" nas sábias palavras de Katharine Graham.

No caso brasileiro, há uma face invisível da imprensa quase nunca trazida à luz: é a inexperiência com relação ao mercado. Esse traço sutil das suas feições é a metáfora que abarca a história dos seus muitos avanços, dilemas e crises. A moderna economia brasileira nasceu e floresceu sob o espesso manto protetor do Estado. A imprensa – leia-se os grandes veículos – é direta ou indiretamente herdeira desse processo que pode ser sintetizado no modelo de substituição de importações. No momento em que a economia distanciou-se da proteção do Estado, impulsionada pela miragem de que o capital privado pode liderar um novo ciclo de desenvolvimento, a crise se instalou democraticamente para todos, inclusive as empresas de comunicação.

As costelas de Adão
A profissionalização do negócio de comunicação nos Estados Unidos

---
Adaptado de artigo publicado originalmente na Revista Imprensa.

142 | Comunicação Empresarial de A a Z

data da década de 60. O romantismo cedeu lugar ao *business* e o mercado passou a ser a costela de Adão. No fim da década de 80, a disputa pelo controle da Time Inc., do imortal Henry Luce, assumiu "proporções épicas", no dizer de um experiente repórter, com os banqueiros de Wall Street correndo em busca de investidores endinheirados ao redor do mundo. Quando a empresa se fundiu com a Warner, dando forma ao maior conglomerado de mídia do planeta, a primeira providência foi retirar o retrato a óleo do determinado e polêmico Luce, que morreu aos 68 anos de idade, do oitavo andar do edifício da Time. Um gesto simbólico, que transmitia a rendição à magnética força do mercado.

No Brasil, ocorreu algo semelhante, mas, é evidente, com tonalidades bastante distintas. A rendição ao magnetismo do mercado se deu menos por escolha e mais por imposição da realidade, esculpida pela esperança de que o fim do estatismo abriria de par em par as portas da prosperidade. Imposição e uma dose de ingenuidade. Como os empresários da indústria, houve da parte do empresariado da mídia um alinhamento incondicional à desestatização. Não se levou em conta que, ao contrário dos Estados Unidos, o mercado no Brasil sempre foi quase uma ficção. Estávamos mais para a Europa do que para a América, onde o social tende a preponderar sobre o econômico, mas caminhamos para o reverso do espelho.

Assim, na medida em que o conceito de serviço público – na amplitude do termo – foi perdendo terreno, a crise da mídia foi emergindo e fazendo das suas bases financeiras, antes espigadas, pilares trêmulos facilmente derrubados pelos ventos de um parceiro frio, o mercado, que, se ferido nos seus interesses de resultados, e resultados imediatos, não hesita em deixar quem quer que seja à deriva. Açoitada pela crise desencadeada por uma nova cultura, que não poupou nem os remanescentes do antigo Estado modernizador, herança varguista que o nacionalismo do ciclo militar ampliou e tornou ainda mais impermeável a mudanças, a mídia interrompeu sua escalada de ascensão e regrediu.

A realidade dispensa números financeiros. Bastar olhar as dimensões liliputianas das redações, os salários dos jornalistas, as expectativas de carreira e o alvoroço dos anunciantes na busca do marketing editorial – na forma de notícia, evidentemente – como forma de economizar em anúncios. Recentemente, um amigo editor me contou uma história emblemática. Foi acertar o salário de um novo trabalho e o dono do

Os Desafios da Mídia 143

empreendimento fez uma determinada proposta. Ele aceitou no ato. Depois, deprimido, confessou: "Eu esperava a metade do salário. Mas o que estou ganhando é bem menos do que seria o normal." Lembro dos meus tempos de *O Globo*, na segunda metade dos anos 70, em que a negociação de salário era um rito democrático e os acordos muito atraentes para o jornalista. Pagar bem era a costela de Adão da qualidade que, com o tempo, viria a fazer do jornal do dr. Roberto Marinho um dos melhores do País.

Os limites da liberdade

A mídia, em bloco ou individualmente, abraçou a tese da desestatização com a mesma adesão compulsiva com que a tripulação de um navio de guerra se une ao seu comandante. Faltou sentido crítico. Faltou o debate aprofundado da questão, como acontece na Europa, em especial na França, país que, pelo entrelaçamento do Estado com o mercado, encontra-se num estágio intermediário entre o socialismo sonhado por Marx e o capitalismo sonhado por Stuart Mill.

Parte dessa impetuosidade acrítica resvalou na crise financeira que mantém os veículos de dimensões nacionais, em sua maioria, atrelados aos humores do governo. Ou seja, à fórmula que se venha a encontrar para renegociar dívidas e reanimar o poder de fogo dos veículos. Parte dessa trama trouxe consigo a erosão da liberdade de dizer o que se pensa e o que se sente. A peça central desse quebra-cabeça transborda do destino das empresas para o candente tema do interesse público. Essa é a peça fundamental da existência e vitalidade da imprensa: a liberdade. Sem ela, perde-se o prestígio, a credibilidade e quem sofre é o cidadão, por ficar desguarnecido, sem uma voz firme e sem amarras para defendê-lo.

Nos EUA, a questão esfingética – como manter a independência – está associada ao grande volume de interesses das empresas jornalísticas. O modelo entrou em crise pelo seu êxito na disputa de mercado. No Brasil, é o contrário. O mercado é incipiente e a economia que empalidece, cortando emprego e renda, há mais de uma década, multiplica obstáculos. Nesse cenário, o caminho para impedir ou adiar o desastre tem sido a opção pelo jornalismo de denúncia, pelo espetacular, por aquilo que possa chamar a atenção do público. Mas é uma alternativa que se extingüe como a chama de um fósforo e tem seus limites no mar agitado de um momento da nossa história em que criticar deixa, aos poucos, de ser parte da regra do jogo do poder para ser uma espécie de ofensa incontornável.

Eis a terceira face de Janus. A face que aflora sem ruídos, mas de forma cruel, e inexorável, num instante em que a natureza da transição brasileira exige que a possibilidade de dizer não – a essência do regime democrático – cresça ruidosa, sem ter que se refugiar em silêncios ou na concha tíbia do não comprometimento.

Eles mudaram a imprensa*

A profissão de jornalista é uma das mais descritas e polêmicas, mas é também uma das menos conhecidas e das mais pontilhadas de incógnitas e ambigüidades. No cinema, por exemplo, são mais de sete mil filmes. Na literatura, *Ilusões Perdidas*, de Honoré de Balzac, resume o vasto universo de mitos e realidades dessa profissão que exige tanto talento e muitas vezes se revela tão medíocre.

Eles mudaram a Imprensa, organizado por Alzira Alves de Abreu, Fernando Lattman-Weltman e Dora Rocha, com a rubrica do Centro de Pesquisa e Documentação de História Contemporânea – Cpdoc, não é um livro qualquer. A começar pelos personagens, que falam das suas experiências em longas e bem trabalhadas entrevistas: Evandro Carlos de Andrade, Alberto Dines, Mino Carta, Roberto Muller Filho e Otávio Frias Filho.

Cada um fez uma revolução particular na imprensa. Evandro respondeu entre 1970 e 1980 pela modernização de *O Globo* e na década de 90 comandou a *TV Globo*. Dines reestruturou o *Jornal do Brasil*, entre as décadas de 60 e 70 e tornou-se um crítico sensível das práticas da mídia brasileira. Mino é o grande fazedor de revistas, da *Quatro Rodas* à *Veja*, da *IstoÉ* à *Carta Capital*, além do *Jornal da Tarde*. Muller Filho revolucionou a *Gazeta Mercantil*. Nunes esteve à frente de duas autênticas epopéias: uma n'*O Estado de S. Paulo*, outra no *Zero Hora*. E Otávio Frias Filho, da segunda geração de proprietários da *Folha de S. Paulo*, fez do jornal que dirige uma referência de independência.

Adaptado de artigo publicado originalmente na Gazeta Mercantil.

Comunistas e Listas Negras

Cada um conta uma experiência diferente, unidas pelo mesmo fio da evolução e mudança, que fazem o leitor, mesmo aquele menos atento, se sentir parte de uma redação, em plena efervescência. São cerca de 400 páginas que se lêem como se fossem parte não de um livro, mas de um filme de ação.

Assim, logo nas primeiras páginas – melhor seria dizer primeiras cenas – vai se encontrar Evandro Carlos de Andrade contando como *O Globo*, em plena ditadura, montou um novo jornal, apagando a imagem associada à "força muito grande que tinha na redação a seção de Polícia", com o trabalho de jornalistas de esquerda.

"Um dia o dr. Roberto (Marinho) me chamou e disse: 'Olha, estou recebendo muitas queixas de que a redação está cheia de comunistas'. Respondi: 'Dr. Roberto, está mesmo. Agora é o seguinte: prefiro trabalhar com comunista do que com udenista'. Ele: 'Ah, por quê?'. Eu disse: 'Porque comunista sabe o que pode fazer, não se mete a besta, é profissional, faz aquilo só e sabe que não pode ir além. Já udenista acha que está no poder e começa a fazer coisa que não pode.' Ele disse: 'Você tem toda a razão'. E o problema comunista acabou ali".

Dines conta histórias que muitas vezes trilham a contramão da tradicional perseguição da esquerda pela direita. Ele fala em profusão, e com tintas nem sempre amenas, da personalidade do jornalista que "não admite ser criticado" e resiste à idéia de que a imprensa tem "os seus méritos e os seus deméritos". Com a experiência de quem dirigiu o *Jornal do Brasil* e editou a coluna *Jornal dos Jornais*, traz à luz o tema tabu das *listas negras* nas redações. Ou seja, os nomes de personagens que estão banidos do noticiário.

"Essa instituição da lista negra ainda persiste até hoje. O que mostra o quanto a imprensa ainda está infectada de autoritarismo. Às vezes, não é da direção, é de setores intermediários". Dines investe ainda contra a prática de *lobbies*, um jornalismo de fofocas que começa nas colunas sociais e transborda para a política e a economia. "Hoje, no jornalismo brasileiro, 30% das matérias que saem, no geral, são sopradas de fora para dentro do jornal", afirma. "*Lobbies*. Às vezes até positivos, mas *lobbies*. O que sai não é aquela coisa que o jornalista vai apurar. É aquilo que veio pronto. Isto é terrível".

Senso de responsabilidade

O que é ser jornalista para você? pergunta o entrevistador a Mino Carta. Resposta: "Algo muito simples e muito complexo. O primeiro ponto nessa história está no senso de responsabilidade. Na prática a seriedade não quer dizer objetividade, mas sim honestidade. Ser honesto significa, antes de mais nada, respeitar a verdade factual com devoção canina". Outro ponto essencial da visão de Mino Carta é o "exercício desabrido" da crítica: "Sem o exercício da crítica, e sem a fiscalização do poder, não existe jornalismo".

Mino construiu revistas com o mesmo ímpeto e brilho com que vem destruindo tabus. Um deles é a objetividade. Os fatos são objetivos, a visão da realidade, não. Há quem afirme que a imprensa conduz a agenda política nacional, que a imprensa elege ou condena políticos ao fracasso. Enfim, que a imprensa é o poder maior. Não para Mino. A imprensa, para ele, é o poder. Elegeu Collor porque o poder buscava um anti-Lula. Derrubou Collor porque as provas surgiram não nas entrevistas bombásticas do seu irmão, Pedro Collor, mas na voz de um humilde motorista, Eriberto. Aliás, descoberto pela equipe liderada por Mino na *IstoÉ*. Daí, a tese do "senso de responsabilidade". O jornalista pode ser irônico, "achando graça da vida, mas sempre com a idéia do senso do dever, de que não se pode fazer as coisas de qualquer jeito".

Histórias que fazem a História

Eles mudaram a imprensa se completa com três depoimentos exemplares. Roberto Muller percorre o território das greves, pressões, censura, prisões e múltiplas experiências que pontilham sua carreira para tocar num acontecimento chave: o vitorioso modelo de jornalismo econômico da *Gazeta Mercantil*.

Muller dirigiu a *Gazeta* duas vezes, a primeira entre 1974 e 1983. Um dos aspectos distintivos do jornal é a independência, relata o jornalista. Ao contrário dos jornais tradicionais, como *Folha*, *Estadão*, *O Globo*, *Jornal do Brasil*, é orientado para "ajudar a tomar decisões, e não para produzir emoções". Para ilustrar, lembra o episódio da renúncia de Nixon. A manchete que ficou famosa dizia: "Especula-se em Wall Street". Tornou-se emblemática, pois "todos os jornais, após milhões de pessoas em todo o mundo terem assistido ao vivo à renúncia do Nixon, saíram com a manchete 'Nixon Renuncia', ou algo parecido. Nós tínhamos consciência de que devíamos considerar que o leitor, já informado, queria notícias

Os Desafios da Mídia | 147

e interpretações sobre o desdobramento da renúncia".

O depoimento de Augusto Nunes, hoje diretor do *Jornal do Brasil*, é saboroso. Ele descreve em detalhes os bastidores de duas reformas: do *Estadão* e do *Zero Hora*. Capta o fenômeno recente do jornalista com funções executivas, ilumina a face oculta das lutas pelo poder, critica a preguiça dos jornalistas e também dos leitores. Conta uma história que começa em 1968 – o ano das passeatas, do Ato Institucional número 5 e da escalada repressiva por parte do governo militar – e chega ao momento culminante quando Augusto enfrenta o desafio de modernizar o jornal da família Mesquita.

Em circulação desde 1875, quando era identificado pelo nome de *Província de São Paulo*, precisava mudar. Isso significava injetar sangue novo na redação, informatizar, introduzir cores nas edições e cuidar do texto com dedicação de um sacerdote. Augusto venceu o desafio. Mas o seu feito maior foi inspirar o surgimento de uma nova geração de jornalistas que percebe que o leitor, ao contrário da geração mais antiga, não é como torcedor de futebol. Portanto, como ele afirma com veemência, a novidade é que "um jornal é um produto diferente, nobre etc. e tal, mas que no fundo existe para vender informações aos leitores". Guardadas as proporções na geografia e na história, foi uma empreitada muito parecida com a renovação do *Zero Hora*.

Otávio Frias Filho encerra os depoimentos. Ela traça um painel dos resultados da missão que lhe foi confiada na *Folha*: fazer um jornal que fosse ao mesmo tempo bem-sucedido e independente. E toca em temas candentes, como a despolitização dos jornalistas, hoje muito menor que nos anos 60 e 70; as relações da imprensa com o mercado, aperfeiçoadas graças a um grau de qualidade média sem paralelo no passado; e se revela contrário ao jornalismo como idéia missionária. "Procuramos fazer uma desromantização da maneira de encarar a profissão. Acho que isso exerceu uma certa influência sobre as gerações que hoje estão nas redações".

De qualquer ângulo que se olhe, *Eles mudaram a imprensa* é assim: rico em histórias que fazem a história, original e de rara utilidade neste momento da vida brasileira em que a cultura de mídia se torna imperativa. Em parte, porque é um elo forte vital da democracia e, portanto, das relações da sociedade com o Estado. Em parte, porque as mudanças que marcam a mídia neste momento de transição, com tantos conflitos e tantas idéias à procura de espaços, são de natureza radicalmente novas.

No passado, pensava-se muito na forma de produzir notícias e no maior ou menor engajamento do jornalista. Tanto que a grande revolução da imprensa que aconteceu na era Juscelino Kubitschek foi muito mais gráfica do que editorial. Agora, o cidadão é o centro de todas as coisas. A referência maior, acima de partidos, governos e ideologias. Talvez, por isso, o papel do jornalista esteja tão em evidência e seja alvo de tantas questões. Seguramente, as diferentes visões do tema a transpirar de *Eles mudaram a imprensa* fazem desse livro uma jóia rara. Imperdível.

Entre a mídia especializada e a grande imprensa*

Na Europa dos séculos 18 e 19 escritores e jornalistas se aliaram para divulgar a ciência e a tecnologia, tendo Voltaire como o seu divulgador principal.

O tempo passou. Os preconceitos ruíram. A despeito das críticas, a tecnologia e a inovação são aplaudidas e vistas como motor indispensável do progresso e do bem-estar. Testemunha dessa realidade é o tratamento positivo que a mídia, em todo o mundo, vem dando ao tema. No Brasil, a história das relações mídia-tecnologia pode ser contada em quatro capítulos densos. O primeiro foi quando Santos Dumont, no alvorecer da República, realizou uma proeza que nem Julio Verne podia imaginar: circular a Torre Eiffel com seu dirigível mais pesado que o ar. A mídia delirou.

O segundo ciclo data dos idos da reserva de mercado da informática, nos anos 70, quando floresceu a imprensa especializada. A seguir, veio a abertura do mercado, o ocaso do modelo de substituição de importações e, como desdobramento, a fase de consolidação dos cadernos especializados, comuns aos grandes jornais e também revistas. O quarto ciclo está por começar. O seu traço distintivo será a conquista de espaços nas páginas de economia, comportamento e negócios, além, claro, de consolidar ainda mais as posições conquistadas.

Adaptado de artigo publicado originalmente na Revista Imprensa.

Não é uma tarefa fácil, porém não é impossível. A imprensa vive um momento de complexa transição. Por força do próprio ambiente brasileiro, onde contracenam a imperativa necessidade das reformas econômicas e a retomada do desenvolvimento, a mídia tem sido obrigada a rever o modelo de operação. Assim, espaços editoriais sofrem redução e a divulgação de temas ligados a produtos, por exemplo, passa a exigir crescente criatividade. A extensa gama de produtos eletrônicos, portáteis ou não, como os equipamentos de tecnologia avançada que impulsionam progressos na medicina, são sempre alvo de atenção.

Contudo, é recomendável que os comunicadores busquem diferenciais em relação à concorrência e, mais do que isso, evitem as formas tradicionais de divulgação. Uma pauta que valorize o contexto dos lançamentos e que, inclusive, agregue marcas concorrentes certamente possui maior poder de sedução do que um produto isolado.

A palavra de ordem é criatividade. A criatividade passa a ser o elo de todos os elos: da comunicação voltada para a área editorial à publicidade, do convívio diário com os jornalistas especializados aos jornalistas da grande imprensa, especializados ou não. O que há de novo no panorama da mídia é que ela vai, mais e mais, se tornar seletiva. Está havendo uma valorização contínua dos espaços e o que a realidade sugere é que as empresas atuem em duas frentes interligadas. Uma é a marca, que é o ponto de partida e de chegada das múltiplas ações de comunicação. A outra é o produto, que será tanto mais bem recebido quanto mais respeitada for a marca.

Não há uma fórmula mágica e, em certa medida, a procura de caminhos lembra um pouco a mítica da famosa pedra de toque. A vantagem é que hoje não se depende mais de talentos excepcionais como Voltaire. As novas tecnologias ganharam as graças da opinião pública e a mídia fala pela voz da receptividade. O que falta é criar e ampliar espaços. Um bom início é abrir e manter abertas as portas das empresas para que o diálogo flua fácil e vá se enriquecendo. Quanto mais abertas forem as portas, maior será a competência para transitar dos cadernos especializados para novos espaços na grande imprensa. Ou seja, portas sempre abertas são sinônimo de comunicação com públicos que se projetam para além da comunidade de especialistas e iniciados em tecnologia.

150 | Comunicação Empresarial de A a Z

Ao mestre com admiração*

José Curvello foi um jornalista da Bahia que jamais perdeu a oportunidade de incentivar as novas gerações e que, ao longo de quatro décadas, muito contribuiu para formar profissionais que hoje trabalham em redações, empresas e assessorias políticas.

Nunca esqueci duas definições do jornalismo por ele repetidas como um mantra na antiga redação de *A Tarde*, na Praça Castro Alves. "Lugar de repórter", dizia " é na rua". Também, com ênfase, ensinava: "Repórter é aquele que pensa a pauta, apura, escreve e edita".

Quando conheci Curvello, tinha 17 anos. Era o que, no jargão jornalístico, se chama de "foca". Anos depois, como repórter especial de *O Globo*, descobri que a redação se orientava pela lógica de apurar os fatos onde eles estavam acontecendo. O jornal levava tal prática ao extremo. Tanto que muitos dos melhores repórteres ficavam de plantão à espera de algum acontecimento relevante. E estes se multiplicavam a cada dia. Até hoje, a apuração rigorosa e detalhada é o traço distintivo do jornal do dr. Roberto Marinho.

O tempo voltou a passar. Fui trabalhar com Mino Carta, desta vez como editor de reportagens especiais da revista *Senhor* e, depois, da revista *IstoÉ*. Mino, o destemido diretor da revista *Carta Capital*, trouxe para o Brasil duas importantes vertentes do jornalismo moderno. A primeira, foi a revista noticiosa, inspirada na *Time*. A segunda, o jornalismo de autor, opinativo e de claro posicionamento político, herdado da sua autêntica paixão pela imprensa européia. Na essência, valoriza também aquilo que aprendi com Curvello: pensar a pauta, apurar os fatos, escrever, editar...

O jornalismo é uma profissão de muitos segredos e de muitas faces. Ele exige conhecimento, otimismo, talento e, sobretudo, trabalho. Mas há algo que está acima de todas as coisas: é a vocação jornalística. Sem ela é impossível exercer a profissão. Pois é esse o ponto de partida e de chegada do gosto pela independência, a liberdade e o zelo pelo interesse público.

Curvello sempre reuniu todos os predicados essenciais da profissão. Sobretudo, a vocação, o prazer de descobrir e dar forma à notícia, sepa-

---

Adaptado de artigo publicado originalmente na Revista Imprensa.

rar o que é acessório do que é essencial, de formar e informar à opinião pública. Recordo a sua figura atenciosa e dinâmica, mas firme e decidida, a exigir de editores e repórteres mais qualidade de texto, mais notícias exclusivas, permanente respeito ao leitor. E, também, absoluto rigor no culto aos valores éticos.

Curvello foi chefe de reportagem e secretário de *A Tarde* numa época particularmente difícil da vida brasileira. Havia uma utopia à esquerda e outra utopia à direita. A utopia à esquerda transbordou para a luta armada. A utopia à direita desaguou na tortura e na supressão das liberdades. Estávamos no início da década de 70. Havia muita efervescência na imprensa baiana. E crescente politização, inclusive porque a Bahia se transformou (a exemplo do que aconteceu em 1935, ano do fracassado levante comunista liderado por Luiz Carlos Prestes) no último refúgio da esquerda armada.

Foi também um momento de intensa concorrência. Os jornais disputavam palmo a palmo a preferência do público e *A Tarde* viveu um momento definitivo de evolução. Os tempos do jornalismo romântico tinham ficado para trás. Curvello destacou-se pela visão modernizadora dessa arte que é fazer da notícia um elemento cotidiano de transformação da vida. Quando olho para aqueles anos, sinto que ele parecia seguir o credo inspirador de Rui Barbosa, o venerando jornalista e jurista que dizia: "Deixai à imprensa suas virtudes e os seus vícios. Os seus vícios encontrarão corretivos nas suas virtudes".

Ao longo da vida, trabalhei com alguns dos mais influentes jornalistas e editores brasileiros: Mino Carta, Evandro Carlos de Andrade, Domingo Alzugaray, Maurício Dias, Ignácio de Loyola Brandão, Andrea Carta e muitos outros. Com maior ou menor intensidade, orientavam-se por conceitos e práticas idênticos àqueles de Curvello. Isso me leva a concluir que o querido mestre não apenas viveu a sua época, mas foi também um dos seus construtores.

Trabalhar com Curvello foi um privilégio. Todos os que o conheceram admiram o seu talento, criatividade e honradez. Tornou-se um dos grandes jornalistas da Bahia e do País. Uma referência para as atuais e futuras gerações. Curvello infelizmente nos deixou, vítima que foi de uma dessas ciladas inexplicáveis do destino. Foi-se o homem, fica o exemplo da sua personalidade dinâmica, digna e absorvente, que permanecerá para sempre entre nós.

152 | Comunicação Empresarial de A a Z

Maquiavel e a crise da mídia*

"É preciso considerar", escreveu Maquiavel em *O Príncipe*, "que não existe nada mais difícil do que mudar, nem nada mais ameaçador para o êxito, nem mais perigoso para lidar, do que a iniciativa de colocar uma nova ordem nas coisas".

A observação de Maquiavel se aplica, à perfeição, naquilo que diz respeito às relações das assessorias de comunicação com a mídia. Nos dias atuais, "a nova ordem nas coisas" é sinônimo dos impactos de uma crise sem paralelo nos veículos de comunicação, pelo simples fato de que todos estão às voltas com graves dificuldades financeiras.

"A nova ordem", portanto, significa menos espaço para as assessorias e a exigência de informações mais selecionadas, com foco menor nas empresas e maior destaque para o significado da concorrência entre empresas, com o espírito mais crítico sobre o que significa marketing editorial e o que de fato é informação de interesse do leitor.

O publicitário Nizan Guanaes criticou com elegância e profundidade o hábito das empresas de exigirem muita produção das agências em troca de recompensas financeiras cada vez menores. Explicou que quando se produz a preços baixos a única saída é aumentar as escalas. Em termos de comunicação, o resultado é inescapável: perda de qualidade. O diagnóstico de Nizan vale também para as assessorias de comunicação.

Nesse contexto, "nova ordem das coisas" ganha mais um significado: muita corrida para produzir, pouco tempo para refletir e dar forma a uma comunicação de qualidade. Quando fez suas advertências quanto aos riscos das mudanças, Maquiavel não se esqueceu de associá-las às recompensas. Quais?

As assessorias que forem capaz de mudar e estabelecer novos parâmetros de relacionamento com os clientes, com ênfase na qualidade e na valorização crescente dos espaços que vierem a obter na mídia, certamente irão evoluir. E superar as dores da transição econômica brasileira de uma economia estagnada para uma economia em desenvolvimento.

Não será uma tarefa fácil. Olha-se em volta e sente-se a pressão dramática das demissões nas redações, o que põe por terra antigos relacio-

---

Adaptado de artigo publicado originalmente na Revista Imprensa.

Os Desafios da Mídia | 153

namentos, reduz as possibilidades de acesso às editorias e, mais do que isso, implica muitas vezes começar tudo de novo. Mas essa não é a questão de fundo.

O problema maior é cultural. Muitas empresas se acostumaram, ou consideram viável, a prática de substituir a notícia jornalística pelo investimento publicitário. É um erro dramático, mas é um erro cada vez mais repetido. Outras empresas tendem a acreditar que podem pôr e dispor do noticiário da mídia e trouxeram à luz (ou à ausência de luz) os famigerados critérios de avaliação de produtividade por medição de espaço. Quanto mais espaço, maior o resultado. Assim pensam.

Bobagem. Comunicação não diz respeito a centimetragem, mas a impacto positivo do trabalho. Sobretudo, a comunicação corporativa intimamente associada aos cenários políticos. Contraditoriamente, as empresas nunca estiveram tão necessitadas de comunicação bem feita, planejada estrategicamente e coerente com o volátil ambiente brasileiro.

Ao receber meia centena de usineiros, o presidente Lula, com objetividade, disse que não queria surpreendê-los, nem queria ser surpreendido. Ou seja, não iria intervir no setor de açúcar e álcool, mas não estava nem um pouco disposto a enfrentar problemas com o abastecimento. Pois bem, o setor de açúcar e álcool é um dos mais fechados, senão o recordista em fechamento, da economia brasileira, quando o tema é comunicação.

Não porque os usineiros temam os repórteres, mas porque sabem que qualquer deslize, qualquer informação pela metade ou que venha a transmitir dubiedade reflete negativamente nas relações com o governo e nos lucros do setor. Sempre foi assim. Continua assim. Será assim no futuro? Talvez seja muito batido dizer que a democracia aposentou o estilo *low-profile*. Talvez. Mas a realidade é que muitos setores da economia, a exemplo de açúcar e álcool, tinham seu futuro todo mapeado e bastava ter acesso ao governo para ficar tudo bem.

Desde o primeiro mandato do ex-presidente Fernando Henrique Cardoso não é mais assim. Mudou a sociedade, mudou o consumidor, mudou a correlação dos grupos de pressão.

As empresas, as assessorias de comunicação, a mídia, as agências de publicidade, cada uma com seus impasses e desafios, estão sendo obrigadas a mudar. A pergunta é se mudarão de forma organizada ou se serão golpeadas, duramente, por um ciclo irrefreável de mudanças que, para os mais conservadores, muitas vezes pode até lembrar um carrossel desgovernado. Lembrete: a releitura ou leitura de Maquiavel parece ter se tornado indispensável.

O *show* não pode continuar*

Os temas da *notícia-espetáculo* e do *denuncismo* têm freqüentado com assiduidade o universo dos críticos da mídia brasileira. Um tema, a *notícia-espetáculo*, vem ganhando evidência pelo pecado capital do exagero dos fatos, fazendo com que passem a pertencer mais ao reino da ficção do que à realidade, matéria-prima essencial do jornalismo. O outro, o *denuncismo*, pela tendência da mídia de atacar os envolvidos em escândalos como se fosse um enxame de abelhas, julgando-os como se fossem criminosos, muitas vezes sem o necessário equilíbrio e rigor na apuração.

É esse o tema do livro *O Jornalismo dos Anos 90*, do jornalista Luís Nassif. No conjunto, foram relacionadas 16 histórias, todas tendo como foco pessoas que viveram na pele aquilo que o autor define como linchamento moral, resultado de um modelo "niilista" de jornalismo que "está esgotado". Isso porque se alicerça na denúncia pela denúncia, na pressa em perseguir furos, na enxurrada de grampos e dossiês que grassa nas redações, além de "uma das mais nocivas parcerias" da década passada, aquela que uniu, na avaliação de Nassif, o Ministério Público e os jornalistas.

Contra o efeito manada

Nassif acompanhou os acontecimentos que relata da sua trincheira de colunista da *Folha de S. Paulo*. Toma partido. Recusa-se a ser um simples espectador dos acontecimentos e muito menos seguir o "efeito manada", o que equivale a dizer que rejeita a primeira versão como verdadeira e não segue a onda do vilão do momento.

O caso da CPI dos Precatórios é emblemático. O escândalo do desvio do dinheiro arrecadado pelo poder público para pagamento de empreiteiras

---

*Adaptado de artigo publicado originalmente na Gazeta Mercantil.

Os Desafios da Mídia 155

envolvia algo como cinco bilhões de reais e entre os acusados do esquema figuravam o prefeito de São Paulo, Paulo Maluf, o governador de Pernambuco, Miguel Arraes, e o governador de Santa Catarina, Paulo Afonso Vieira. Nassif consome 66 páginas do livro para mostrar que o escândalo, assunto de quatro dezenas de colunas assinadas por ele, não estava restrito a um pequeno banco, o Vetor, e seu dono, mas fazia parte de uma vasta indústria de falcatruas.

Um segundo caso relevante envolve o economista Chico Lopes. Este caiu da presidência do Banco Central sob a acusação de ter fornecido informações privilegiadas ao então banqueiro Salvatore Cacciolla, que, aliás, acabou preso e fugindo para a Itália. Em meio a um festival de denúncias inquisitoriais, sem qualquer prova consistente, a vida de Lopes se transformou num inferno. O ponto de partida foi a invasão do apartamento do economista pela Polícia Federal, que apreendeu dois computadores: um, do próprio Chico Lopes, o outro da sua filha adolescente. Foi um ato brutal. Nassif fez a denúncia, mais uma vez marchando contra a corrente. Desfecho final: nada ficou provado contra Lopes.

Além dos casos dos precatórios e de Chico Lopes, é emblemática a história de Marcelo Zanotto, administrador do Osasco Plaza Shopping. A história é conhecida: no final da década de 90, o shopping explodiu na hora do almoço, deixando inúmeros mortos e feridos. O que poucos conhecem é o drama do jovem Marcelo, acusado pela mídia, promotores e delegados de ser "o grande culpado" pelo acidente, por ter negligenciado um vazamento de gás. Num dossiê detalhado, a mãe do administrador, Ilka Marinho de Andrade Zanotto, crítica teatral, demonstra que o filho foi também uma vítima: de falsas denúncias de ser *bon vivant* incompetente e de denúncias que vendem jornais.

Nassif conta que colecionou 40 *cases*. Reuniu apenas 16 no livro para traçar um painel amplo a envolver desde notícias policiais a episódios de grande relevância política. Em todos eles, explica o jornalista, o elo em comum é um só: a unanimidade. Ou seja, o jornalista não quer correr o risco de ser o diferente, de questionar as versões que todos aceitam.

Eis o traço característico, e o ponto vulnerável, da mídia nos anos 90. A essa dura constatação, Nassif opõe uma alternativa: a mídia precisa se reformar. Debruçar-se sobre suas próprias contradições e ousar fugir ao jornalismo burocrático, buscar ser "mais sofisticada e plural, capaz de julgar situações, não personagens, de ser contra ou a favor dos atos do

Comunicação Empresarial de A a Z

governo – não contra ou a favor de governos –, de aceitar e compreender que interesses setoriais podem ser legítimos".

Não é uma travessia fácil. O modelo propõe um enigma: como lidar com a denúncia e como lidar com a notícia-espetáculo? A crença dominante é de que a boa notícia não é notícia. E há uma ambigüidade no trato com a notícia. A denúncia é boa porque vende e afirma independência. A denúncia é ruim porque às vezes não corresponde à verdade e, pior, alimenta a cultura do denuncismo, o que não deixa de ser uma herança provinciana destes anos de transição para a democracia.

Contudo, é impossível adiar o debate. É impossível deixar de encontrar pontos de contato entre o direito à cidadania e o direito do cidadão de ser considerado inocente até que se prove que é culpado. O jornalismo investigativo contemporâneo nasceu com o processo de *impeachment* do presidente americano Richard Nixon, o famoso caso Watergate. No Brasil dos nossos dias, o seu nascimento é fruto também de um *impeachment*: o do presidente Collor.

São momentos saudáveis – e mesmo gloriosos – pelo seu conteúdo renovador e pelo que contêm de independência com relação ao poder. São ainda antídotos perfeitos contra a tentação de fazer da notícia uma *commodity* e da arte do jornalismo um exercício de marketing ou de *lobbies*. Os impasses para deixar para trás os males da cultura do *denuncismo* e da *notícia-espetáculo-commodity*, e afirmar o caminho modernizador, são feitos da mesma matéria-prima dos impasses do amadurecimento político. O complexo de inferioridade, que faz da crítica um vício cultural, e a visão de que a Nação está dividida entre heróis e vilões, precisando, portanto, de salvadores da pátria. Cedo ou tarde, o jogo de pressões naturais à democracia levará a mídia a cultivar mais as suas virtudes do que os seus defeitos, a privilegiar prioritariamente a informação e abrir mão dos atrativos do *show*.

O que é um jornalista investigativo?

É um jornalista infenso ao comodismo, antiburocrático, cioso da objetividade dos fatos e responsável pela cobertura de casos difíceis. Somam-se a isso outras qualidades: a sensibilidade para detectar grandes casos a partir de fatos aparentemente insignificantes, coragem, paciência e um vasto *network* de relacionamentos.

A imprensa em xeque

"Ele me desagrada. – Por quê? Ele me ultrapassa.
– Quem jamais deu uma tal resposta?"

Nietzsche

Na festa de entrega do Prêmio Esso de 2004, um dos membros da comissão julgadora, jornalista de raro brilho, declara:

- A imprensa regional está melhor do que a imprensa nacional. Existe uma espécie de milagre da criatividade e da crítica.
- O repórter hoje é um ser do asfalto. Se chove, ele não vai à rua. Se viaja, é a convite. Não lê e fica o dia inteiro navegando atrás de notícia.

É uma visão extremamente crítica, que não deixa de ser verdadeira. Mas é uma visão incompleta. O jornalista transformou-se numa espécie de operário de luxo porque a imprensa encolheu os investimentos, a carreira não oferece grandes perspectivas e, também, a notícia virou *commodity*. A palavra de ordem é a agilidade. O repórter se "vinga" produzindo para a mídia escrita, por exemplo, uma reprodução daquilo que se escreve na Internet.

A crise econômica colocou a imprensa em xeque. O repórter passou a ser um profissional de linha de montagem. Tudo é cronometrado, porque é impossível escapar aos meandros da burocracia dos controles do que a redação escreve e ao ritmo industrial. E, assim, a imprensa, que deveria ser um organismo vivo, fecha-se em regras que limitam a criatividade e a apuração.

Mas esse não é um enredo uniforme. Carl von Clausewitz, o eminente estrategista alemão, recomendava que fosse evitado, a qualquer preço, travar batalhas em dois *fronts* simultâneos. O jornalista nunca se recusa a lutar também no segundo *front* que, muitas vezes, materializa-se no embate dentro das próprias redações para fazer prevalecer a verdade factual e fazer com que a notícia se transforme na base essencial de informação dos leitores e formação da opinião pública.

Há evoluções. O jornalista hoje fala inglês, quando não fala também espanhol, fez um curso de mestrado, viajou para o exterior, alinha-se com causas como o movimento ecológico e o combate às desigualdades. É crítico e sabe que as fontes têm seus interesses. Tanto que quando o

158 Comunicação Empresarial de A a Z

jornalista é crítico, as fontes, quando não bem orientadas pelas assessorias, trabalham para roubar-lhe a credibilidade. Uma repórter setorista (que cobre uma determinada área) me contou que sempre que faz alguma matéria crítica, recebe pressões: "os entrevistados ligam para a editora e dizem que eu errei. Escrevem para mim e dizem que estou criando prejuízos. Peço que mandem um desmentido. Não mandam. Sabe por quê? Eu anoto até os suspiros deles. Desde a escola de jornalismo meus cadernos eram impecáveis. Tudo que eu publico posso provar."

Nos tempos em que fui editor de reportagens especiais da *IstoÉ* passei por um sufoco inesquecível. Fiz uma longa entrevista com uma personalidade que respondia pelos cálculos da inflação, ainda nos tempos dos militares. Ele afirmou com todas as letras: o ministro da Fazenda não pode me demitir. Sou intocável como o presidente do Banco Central americano. Quando a entrevista saiu, recebeu um puxão de orelhas do ministro. Telefonou para a redação e me perguntou: "você gravou essa parte da entrevista?" Disse que não sabia. Ele mandou uma carta me detonando. Ocorre que a frase estava gravada. Liguei para ele e disse: "vou publicar sua carta, mas vou dizer que a gravação está em minhas mãos." Ele desligou o telefone. Nunca mais me procurou.

O que desejo assinalar é que não existe um comportamento uniforme do jornalista. Entre nós, cada vez mais a imprensa é uma referência construtiva. A imprensa tem contribuído para formar uma cultura que tem trazido à luz e afirmado os valores do progresso, do bem-estar, da justiça e da igualdade de oportunidade. No passado como no presente, esteve sempre ligada aos grandes avanços da sociedade, nas suas múltiplas versões. Por isso, a primeira lealdade da mídia é com o cidadão e, também, com a verdade. Na essência, realiza um trabalho de verificação incentivando o debate e o exercício de reflexão, individual e coletivo. Existe uma cultura de liberdade e independência e esse é o alicerce para um novo renascimento.

Mandamentos do jornalismo

- A obrigação é com a verdade dos fatos.
- A primeira lealdade é com o cidadão.
- A essência da profissão está na disciplina da verificação do que vai ser publicado.
- É indispensável a independência em relação ao poder e às fontes de informação.
- É importante o exercício da crítica e a prática da responsabilidade pessoal.
- A ética do jornalista é a mesma de todas as outras profissões.

Os Desafios da Mídia | 159

Jornalistas: a notícia em primeiro lugar

"A função primeira do jornalismo é fiscalizar o poder, ter uma vocação absoluta à crítica, sem, obviamente, criticar por criticar."

Mino Carta

A profissão de jornalista é uma das mais polêmicas, uma das mais glamourosas, uma das mais cortejadas e perseguidas e, por mais incrível que possa parecer, uma das mais desconhecidas. Quando criticam, aqueles que se sentem atingidos geralmente vêem os jornalistas como mentirosos, incompetentes, venais, não merecedores de confiança. Quando elogiam, aqueles que se sentem prestigiados trilham o caminho inverso e se desdobram em elogios aos jornalistas, experimentando o indescritível sabor do reconhecimento.

Na realidade, o jornalista é um profissional que trabalha com os fatos e as suas contradições. Essa é a sua matéria-prima. A forma como vai escrever, como vai encadear os elementos da narrativa, está associada à sua visão de mundo e ao seu talento nessa arte sensível que é a persuasão. Variando na forma, essa constatação é válida para o repórter que relata o que viu, para o editorialista ou o cronista, os quais analisam os fatos e delineiam as tendências.

Evolução e mudança

Na aparência, o jornalismo é uma atividade de produção e divulgação de notícias. Na prática, é muito mais. Do telégrafo, no século 19, à Internet, no século 20, a imprensa incentivou e acompanhou as grandes mudanças tecnológicas e suas vastas repercussões sociais. Numa visão retrospectiva, vamos encontrá-la no Brasil aliada à construção de setores estratégicos da economia e hoje aos grandes temas da modernização brasileira. Isso explica por que o jornalista é um ser participativo, um ser universal com permanente propensão para aderir a causas que transformem e aprimorem a vida em sociedade.

Devemos à imprensa muitas das conquistas das últimas décadas. A ligação de vasos comunicantes é perceptível pela influência que o noticiário exerce sobre o comportamento das massas e dos indivíduos. É ilustrativo verificar o paralelismo entre o que a mídia divulga e os avanços das práticas responsáveis de gestão tanto no âmbito da iniciativa privada como do poder público. O consistente vínculo entre a imprensa e a modernização brasileira aparece também na prestação de serviços e no amadurecimento cultural.

Um dos seus pontos fortes tem sido a denúncia de irregularidades, a defesa do justo exercício da lei e, sobretudo, as liberdades públicas. Trata-se de uma prática saudável que torna as relações da sociedade mais transparentes e contribui para livrá-la do espartilho dos privilégios, da intolerância com a divergência e dos males dos preconceitos. Nasceu a imprensa brasileira sob o signo da controvérsia, nos idos da Colônia, e se afirmou ao longo do tempo como instituição indispensável que se renova e se autocritica.

Os conceitos de imprensa e desenvolvimento no País mantêm total afinidade. Convivem tão intimamente que é impossível separá-los. Informação e opinião combinam-se para dar alicerce a uma nação independente e um povo livre. Acredito que o jornalismo brasileiro alcançou uma fase de plenitude técnica e elaborada sensibilidade política.

É um traço muito positivo do Brasil dos nossos dias. Tanto é assim que a cultura de mídia tornou-se o motor do êxito para qualquer empreendimento que aspire ser bem-sucedido. Trata-se de um trunfo inestimável para uma nação que se mobiliza para construir uma democracia economicamente forte e socialmente justa.

O que é o Joio?

"O jornalismo é separar o joio do trigo e publicar o joio."

Mark Twain

Errou quem pensou apenas em denúncias, escândalos e afins. O joio é a raridade, o ineditismo. Portanto, pode ser:

- Histórias inéditas
- Atualidade
- Originalidade
- Polêmica
- Credibilidade
- Utilidade
- Interesse social
- Interesse de grande número de pessoas
- Oportunidade
- Exclusividade
- Meio ambiente
- Responsabilidade social
- Direitos humanos
- Escândalos
- Atitudes aéticas

O joio é a notícia. E notícia é tudo o que foge à rotina. Ou o que, uma vez colocado num contexto, ganha dimensão e passa a interessar à sociedade ou a uma parte dela.

Entrevista com Miguel Jorge

Aprendendo com quem faz*

Ele não apenas participou ativamente de um processo marcante da economia brasileira – a fusão da Ford e Volkswagen na Autolatina – como acabou abrindo caminho para uma nova abordagem da comunicação nas empresas. Depois de passar por quase todas as funções dentro de um jornal diário – de repórter, chefe de reportagem, editor e, por fim, diretor de redação do Estadão _–, o jornalista Miguel Jorge tornou-se uma referência maior na comunicação corporativa no País. Hoje, à frente da direção dos Assuntos Corporativos do grupo espanhol Santander, vive uma experiência totalmente nova, que é a de construir uma imagem positiva do banco que assumiu o controle do antigo Banespa e está disputando palmo a palmo o efervescente mercado de varejo._

Como foi sua transição do jornalismo para a comunicação empresarial?

O convite da Autolatina foi algo inusitado. Pela primeira vez, um jornalista passaria a ocupar também a função de relacionamento com o governo e de analista de políticas dentro da empresa. Decidi aceitar o desafio.

Qual a principal experiência dessa época?

Logo de saída, passei por uma prova de fogo. Em setembro de 87, a Autolatina foi à Justiça para conseguir ficar fora do controle de preços imposto pelo plano econômico do governo. Houve uma repercussão tremenda. A sociedade brasileira, depois de mais de duas décadas de governo militar, estava desacostumada a se defender usando as prerrogativas de cidadania. Foi um momento difícil. A Autolatina se baseava no acordo firmado entre a indústria automobilística e o ex-ministro da Fazenda, Dílson Funaro. Havia mudado o ministro, mas não o

---

*Adaptado de entrevista publicada originalmente na_ Revista da CNI.

164 Comunicação Empresarial de A a Z

governo. Mas o então ministro da Fazenda não reconhecia o acordo com o antecessor. A briga judicial foi ao Supremo, que acabou dando razão à Autolatina. O meu trabalho, como ficou conhecido depois, era gerenciar a crise. Preparamos um dossiê completo sobre o caso, com documentos e informações que explicavam os motivos do posicionamento da Autolatina. Um dia antes de a empresa entrar na Justiça, todos os formadores de opinião e membros do Congresso Nacional receberam as informações completas sobre o caso. Em alguns jornais, cheguei a ir pessoalmente. Queríamos evitar que os jornalistas, ao tomarem conhecimento do fato, corressem atrás da notícia e deparassem com informações desencontradas ou equivocadas. Era algo inédito. A grande maioria da mídia ficou a favor da empresa. O assunto mereceu editoriais dos grandes jornais, como *Folha, Jornal do Brasil, O Globo, O Estado*. O caso da Autolatina criou um paradigma. Até aquele momento inexistia a prática de se antecipar e informar a sociedade sobre assuntos que poderiam interessá-la.

O que, na sua opinião, impulsionou essa mudança de postura?

A redemocratização do País foi um divisor de águas. Numa ditadura, não é preciso dar explicações à sociedade. A democracia fez surgir associações de classes, sindicatos independentes e outras entidades de representação. Foi nesse cenário que a comunicação empresarial começou a se desenvolver.

O que essa experiência contribuiu para o trabalho, hoje, no Santander?

Uma coisa fundamental é o *network* no meio jornalístico. É importante também estar a par do que está acontecendo em outras áreas. Vou sempre a Brasília, visito o Congresso e acabo sendo fonte de informação para muitos jornalistas.

Por que trocou a Volkswagen pela área bancária?

A novidade sempre me atraiu. E, nesse caso, fiquei motivado pela imensidão dos desafios que teria pela frente. Em todo o sistema financeiro, a comunicação tem o árduo trabalho de mudar a imagem dos bancos. Eles enfrentam uma situação parecida com a das montadoras, há 15 anos. Neste período, os brasileiros conheceram o Código de Defesa do Consumidor e passaram a ser mais críticos com as empresas. No caso dos serviços, a cobrança é ainda maior. Sobretudo dos bancos que, até por questões ideológicas, nunca foram as mais amadas das corporações.

O que precisa ser feito?

Desenvolver uma consciência interna. Não adianta ter uma boa comunicação se o banco estiver em primeiro lugar na lista de reclamações do Banco Central. Não há comunicação que consiga melhorar a imagem de uma empresa ruim. E os funcionários são parte determinante numa empresa. O grupo Santander/Banespa teve 94 reclamações registradas no Banco Central. Como eu dizia na Volkswagen, quando alguém chega a escrever para um jornal e reclamar, é porque já foi à agência, já brigou com a revendedora, já mandou carta, já telefonou para o serviço de atendimento ao cliente, já fez tudo o que podia. A mesma coisa acontece no sistema financeiro. Para alguém chegar no Banco Central, é porque já falou com o subgerente, o gerente e não foi atendido satisfatoriamente. E o Banco está errado mesmo, tem que corrigir isso.

Em termos de imagem, o que a crise do sistema financeiro da Argentina afeta os bancos no Brasil?

A crise da Argentina é sistêmica. Os bancos podem fazer muito pouco na situação. Aqui a crise é fruto de uma combinação de fatores. O Santander, por exemplo, nos últimos anos comprou cinco bancos, um deles estatal. O Itaú e o Bradesco também compraram quatro, cinco bancos cada um. Eram bancos menores que tinham problemas e foram absorvidos. A médio prazo, isso tende tornar o sistema financeiro brasileiro muito melhor do que ele é. Mas é preciso digerir essa mudança, absorver o choque cultural.

Por fim, existe também um fator ideológico, resquício do processo político. Tivemos o Proer, que foi uma das melhores coisas que o governo fez em relação ao setor, e também foi criticado. Não teve suas qualidades comunicadas adequadamente. Vale lembrar que a maioria dos políticos e governantes não acredita muito na chamada força da comunicação. Já os sindicatos, ao contrário, são grandes comunicadores. Distribuem panfletos diários para os trabalhadores, têm representantes de fábrica, sabem do poder da comunicação.

E os empresários estão conscientes desse poder?

Eu diria que as empresas mais modernas sim. Se você olhar o perfil da comunicação empresarial no Brasil, é visível a mudança nos últimos 15 anos. O número de agências de comunicação é muito maior. As antigas assessorias de imprensa passaram a fazer comunicação integrada e trouxeram um grande número de profissionais dos jornais. Muitas empresas são especializadas em treinamento para gerenciamento de crise. O *media-training* também já é uma prática nas empresas. Quem tinha ouvido falar nisso há 15 anos? Tudo está mais profissionalizado.

Quais são as grandes tendências na comunicação hoje?

A tendência é de cada vez maior transparência. Dificilmente uma empresa

166 Comunicação Empresarial de A a Z

vai sobreviver se não estabelecer um canal eficiente com seus diferentes públicos. Tenho um bom exemplo no próprio Banespa. Precisávamos fazer um processo de desligamento voluntário. A área de comunicação fez um intenso trabalho com o público interno, trocando informações sobre o que os funcionários pensavam e o que a diretoria pretendia. Na primeira reunião com os funcionários, o presidente jogou aberto e antecipou perguntas que os funcionários não teriam coragem de fazer: "Vai haver cortes no banco?" E ele mesmo respondeu: "Vai haver cortes no banco". E continuou: "Vamos precisar dispensar muitos funcionários? "Sim, vamos precisar dispensar muitos funcionários". "Vamos fazer isto de uma maneira arbitrária?". "Não, não vamos fazer isto de maneira arbitrária." A atitude foi fundamental para o sucesso do processo. 8.500 pessoas foram dispensadas, sem nenhum barulho. A Volkswagen também é um bom exemplo. Há muito tempo a empresa implantou reuniões trimestrais entre os diretores do sindicato e representantes da fábrica, abrindo todos os números da empresa. O sindicato costumava dizer que o salário dos empregados representava apenas 4% do custo do veículo. Quando as reuniões revelaram as planilhas, contabilizando 45% de imposto e os custos embutidos nas peças compradas de fornecedores – que representam 70% do automóvel –, nunca mais o argumento foi utilizado.

Qual a diferença entre marketing e comunicação?

Durante muito tempo as pessoas misturaram um pouco a questão de marketing na comunicação. Marketing tem que se preocupar em vender o produto que a empresa tem. E comunicação é outra coisa, completamente diferente. Ela tem que vender imagem, atitude, conceitos. Coisa que a propaganda ou a publicidade dificilmente fazem. Uma empresa que tem apenas um bom marketing da propaganda pode passar determinada imagem por algum tempo. Mas fatalmente vai ser surpreendida pela opinião pública se não tiver coerência entre o que prega e o que realiza na prática.

A receita de Miguel Jorge para a comunicação corporativa de excelência

- Posicionar a empresa diante da sociedade.
- Eleger a comunicação como fator de competitividade da empresa.
- Profissionalizar a comunicação.
- Contabilizar os gastos em comunicação como investimento.
- Avaliar a imagem da empresa junto à opinião pública.
- Adequar a prática empresarial às exigências da sociedade por transparência.

Entrevista com Ney Figueiredo

Ele falou com os deuses

Ney Lima Figueiredo foi assessor da Fiesp e da Febraban, trabalhou com muitos dos mais influentes empresários do País e foi quem esteve por trás da iniciativa de comunicação de maior êxito do governo Fernando Henrique Cardoso, o livro A Era FHC – Um balanço. *Ney, que foi um dos pioneiros do marketing político no Brasil, conta como se tornou vitorioso, num universo pouco explorado e, paradoxalmente, onde está o filão de ouro da comunicação.*

Como você conseguiu fazer um trabalho de comunicação estratégica para entidades tão díspares como a Fiesp e a Febraban, além de ter tido êxito em assessorias que destacaram personalidades, também díspares, como Paulo Maluf, Mario Amato, Roberto Konder Bornhausen, Franco Montoro, o senador Fernando Bezerra e o presidente Fernando Henrique Cardoso?

O meu trabalho sempre foi um somatório. Especializei-me em avaliação de cenários políticos, contatos com o governo, Congresso e imprensa. O que fazia para a Febraban acabava beneficiando a Fiesp. E a recíproca era verdadeira. Minha luta era sempre institucional, de defesa de certos valores que tanto o banqueiro como o industrial queriam ver implantados no Brasil. Depois, o cenário político não muda, é o mesmo para o empresário de qualquer setor de atividade. Comecei muito cedo. Lia biografias de gente importante. Queria vencer. Minha casa era freqüentada por muitos políticos. Eurico Gaspar Dutra, que foi ministro da Guerra de Getúlio e, depois, presidente da República, tinha no meu pai o seu braço-direito. Aprendi a falar de igual para igual com quem detinha o poder. E tomava iniciativa. Fui trabalhar com Ranieri Mazzilli, presidente da Câmara no governo Jango, porque o procurei e apresentei idéias. Fui sempre um homem de idéias e relacionamento. Procurava os donos de jornais, os políticos, os empresários e me apresentava. Quando veio a abertura política, por exemplo, senti que os empresários não conheciam os políticos e os políticos não conheciam os empresários. Procurei aproximá-los.

168 Comunicação Empresarial de A a Z

Quando assessora alguém, qual é o seu método de trabalho?

Para mim é fundamental ganhar a confiança do assessorado. E isso tem que começar logo no primeiro dia. Procuro ser franco e transparente. Sendo eclético nos meus contatos, só posso ter uma versão para cada fato. Se perdemos a credibilidade, é quase certo que perderemos o cliente também. Todo cliente, independente do seu porte, é importante. Nenhum deles, contudo, é mais importante que a minha dignidade. Nunca aceitei um só desaforo ou mesmo uma palavra mais áspera. Sempre deixei claro que era realizado financeiramente e que todos os meus clientes me procuraram. O contrário nunca aconteceu. Até mesmo Paulo Maluf, conhecido por tratar os seus auxiliares como lacaios, jamais cometeu qualquer indelicadeza comigo.

Qual foi a personalidade mais complexa e difícil de assessorar que encontrou ao longo de todos esses anos?

Antônio de Pádua Rocha Diniz, ex-presidente da Febraban, já falecido. Ele era um amor de criatura no trato pessoal, mas, não sendo um grande banqueiro, tinha enorme dificuldade em decidir, complicando o meu trabalho, que depende de soluções rápidas.

Qual foi a mais fácil de trabalhar?

Roberto Konder Bornhausen, também ex-presidente da Febraban. Trata-se de uma figura humana maravilhosa, excelente banqueiro e profundo conhecedor dos homens e das coisas.Tem um raciocínio tão lúcido que dava gosto vê-lo dirigindo as reuniões dos Conselhos da Febraban e CNF (Confederação Nacional das Instituições Financeiras), que ele também presidia. Sua opinião sempre prevalecia, não porque a impusesse, mas pela lógica impecável do seu raciocínio, aliada a uma autoridade moral por todos reconhecida. No campo político, sem dúvida alguma, Fernando Henrique Cardoso. Com ele a coisa funcionava por música. E, ao contrário do que dizem os seus detratores, decide rápido. Mas o importante não é que o assessorado seja fácil ou difícil de lidar. O que define o jogo é aquilo que somos capazes de dar. Eu sempre dei mais do que recebi. Se peço uma notícia a um jornalista, é porque já fui fonte para outras dez. É a mesma coisa com quem assessoro. Sempre acredito nas coisas. Me empenho. Não sou negativista. Pelo contrário. Tenho um otimismo americano. Aposto alto. Foi o que aconteceu na eleição de Luiz Eulálio Bueno Vidigal na Fiesp, no início da década de 80. Eu confiei no projeto e fui em frente. Vencemos. Terminamos com uma era de imobilismo e inauguramos outra altamente participativa, que deu muitos frutos positivos para a iniciativa privada e a Nação. Eu sou um apaixonado pelo que faço e as pessoas sentem isso logo no início do meu trabalho. Vou até onde o cliente me permite ir, até mesmo na tomada de decisões, indispensáveis em determinados momentos;

Quais são as dificuldades para realizar um trabalho como o seu?

A insegurança que provoco em alguns auxiliares menos qualificados que cercam determinados empresários e políticos. O medo que eles têm de perder espaços. A inveja também incomoda um pouco, pois às vezes são criadas crises artificiais só para prejudicar o seu trabalho. O ciúme de homem é pior do que ciúme de mulher. Com o passar do tempo, quem faz um trabalho como o meu passa a ser parte do processo. Muitas vezes tem mais experiência, mais conexões e até mais dinheiro que o assessorado. Isso complica um pouco.

O que mudou no trabalho de assessor de comunicação do fim do ciclo militar para o governo Lula?

Mudou tudo, começando pelos profissionais envolvidos. A maioria dos assessores de comunicação nos governos militares eram provenientes das Forças Armadas. Não havia espaço para um profissional com a minha qualificação. No mínimo, terminaria preso.

Que críticas e sugestões você faz à comunicação pública no Brasil?

Os governos autoritários comunicam melhor do que os democráticos. Getúlio, no período do Estado Novo, deu grande atenção à comunicação. Tanto que voltou ao poder pelo voto direto e foi consagrado pela opinião pública. Os militares fizeram o mesmo. Como não tinham respaldo do voto, seguiam o dito de Napoleão: "Não existe governo sem apoio da opinião pública". O PT, que tem um viés autoritário, dá muita atenção à comunicação. Fernando Henrique Cardoso, um democrata, fez o contrário. Entregou a comunicação nas mãos de Sérgio Amaral, um diplomata brilhante, mas que não entende nada do assunto. Depois, passou o bastão para Andrea Matarazzo, que também não era do ramo. Era o próprio presidente que falava nesses termos para quem quisesse ouvir. Foi o presidente Lula quem disse: se o general Médici tivesse disputado uma eleição, teria sido vitorioso. Tudo por causa da máquina de comunicação.

Qual foi o momento mais complicado da sua carreira?

Foi o período em que trabalhei com Mário Amato na Fiesp. Eu acumulava cargos importantes. Além de dirigir a comunicação, era chefe da Assessoria da Presidência. Tudo passava por mim, que gozava da total confiança do Mário. Acontece que, embora raramente agisse sem me consultar, às vezes isto acontecia e aí era uma loucura para correr atrás do

170 Comunicação Empresarial de A a Z

prejuízo. Se bem brifado, o Mário é capaz de tomar atitudes corajosas.

Quais os critérios que utiliza para cobrar honorários?

Examino a importância do trabalho, o tempo que vai me tomar, a facilidade de diálogo com o possível cliente, deslocamentos etc. e arbitro uma quantia que me parecer razoável, dentro da minha cesta de clientes. Se der para somar, fica mais barato. Se não der, fica mais caro. Tudo é uma questão de intuição e inteligência. Se for um negócio e meu trabalho for decisivo para o êxito, cobro uma taxa de sucesso. Não há uma fórmula. Cada caso é um caso.

Quais são as tendências da assessoria de comunicação para o futuro?

A assessoria de comunicação está numa escala ascendente no mundo todo. Acho que vamos ter mais especialização, não assessoria global como se tem hoje. Vamos caminhar cada vez mais para a especialização. Quem cuida de política, não vai mais cuidar de comunicação empresarial, como aconteceu na minha trajetória. Mas sempre haverá lugar para um assessor eclético que trabalhe numa faixa mais ampla junto ao poder. O mercado não forma esse tipo de profissional. Eles é que formam a si mesmos. Depende muito da característica individual de cada um.

O que você aconselharia para quem está se iniciando na profissão?

Nunca tenha mais do que uma versão para o mesmo fato. Não se deixe intimidar pelo cliente, exija respeito. Contato com a imprensa é uma via de duas mãos: seja sempre uma boa fonte. A minha maior fonte, ao contrário do que se poderia esperar, não é a minha formidável rede de conhecimentos, mas sim a capacidade de examinar os fatos e fazer previsões confiáveis. Ler muito, tudo o que for possível. Todo dia leio quatro jornais brasileiros e dois estrangeiros, o *The New York Times* e o *El País*, além das revistas semanais. Por fim, é indispensável estar cercado de profissionais de alta qualidade. Eu sempre procurei trabalhar com os melhores.

Entrevista com Bob Fernandes

Antes de surgir a fonte surge o fato

Eis um mestre do jornalismo investigativo: Bob Fernandes, 48 anos, editor-chefe da Carta Capital. *Um jornalista que pensa pautas, apura, escreve e edita. Ou seja, um jornalista raro pela versatilidade e completude. Autor de múltiplas reportagens de capa de grande impacto, ele seduz pela leveza do texto e a densidade das informações. Nesta entrevista, fala do trabalho jornalístico, das fontes e da sua visão das assessorias de comunicação.*

O que é hoje um repórter investigativo?

Como o jornalismo virou pastiche, há um monte de coisas na mídia que não são jornalismo, mas entretenimento, ou mesmo lazer, e assemelhados. Daí, se ter criado, ou recriado, para diferenciar da geléia geral, o rótulo de repórter investigativo. Quando comecei na profissão, há 25 anos, todo repórter era investigativo, fizesse o que fizesse: política, esporte, polícia ou mesmo um buraco de rua. Ocorre que atualmente existe muito repórter que nem sabe o que é ser repórter. Perdeu-se muito o sentido da cultura da reportagem. Lembro-me do caso de uma reportagem que fizemos na *Carta Capital*, a Operação França. Foi um caso tão grave que o Estado francês, três semanas depois, pediu desculpas por ter invadido o espaço brasileiro. Foi notícia em 130 países. O *Le Monde* deu matérias de primeira página por uma semana. Estranhamente, grande parte da imprensa brasileira ignorou o fato e só noticiou quando o governo francês apresentou um pedido de desculpas formal, um "*je regrete*", ao Itamarati.

O que está acontecendo?

Existe uma mistura de várias coisas. Ao longo dos anos 90, as corporações de comunicação tiveram interesses múltiplos e amplos: negócios de TV a cabo, telecomunicações, telefonia. O interesse primeiro

172 | Comunicação Empresarial de A a Z

deixou de ser a notícia. Tanto foi assim que as empresas de mídia estão praticamente quebradas e aceleram pressões para que o governo libere recursos. Isto reflete claramente as posições diante dos episódios.

Você poderia explicar melhor?

Há coisas que são factuais e indesmentíveis. Waldomiro Diniz, por exemplo, era um corrupto que se aproveitava da sua posição na Casa Civil. É um fato indesmentível. A pressão que se manteve contra o governo, a partir de então, é outra coisa. Há um tom de dramaticidade como se se tivesse vivido um momento de corrupção monumental no Brasil, com os cofres do Estado sendo saqueados... Eu vi um filme como esse na Venezuela. Eu estive lá oito vezes nos últimos dois anos e sei como começa. Pergunto: o aconteceria se o governo dissesse que não tem como financiar as dívidas das empresas de mídia, que não vai dar os US$ 4,5 bilhões já combinados? Haveria uma pressão brutal. Por motivos outros – concessões de TV a cabo, telefonia etc. –, a mesma coisa se deu no governo Fernando Henrique, como havia se dado na disputa por mais um ano de governo para Sarney, lembremo-nos. Hoje, existe uma pressão exagerada por força do problema das dívidas e da disputa de grupos, e isso é um fato a mais no cenário. Ou não é?

Como é seu método de trabalho quando se trata de apurar algum tema polêmico?

Vou contar uma história. Em 1990 eu fiz a primeira reportagem de capa da *Carta Capital* envolvendo ações da CIA e da DEA no Brasil. Desde então fiz sete capas. A última foi em março de 2004, com uma extensa entrevista com o chefe do FBI no Brasil. O que aconteceu? Eu não esqueci o assunto. Fiquei de olho. Em 16 de dezembro de 2003 eu e o Carlos Costa, que havia chefiado por 4 anos o FBI até dois meses antes, conversamos horas e horas. A certa altura, para minha surpresa, ele disse: "Há coisas que não posso gravar, mas vamos conversar". Naquele dia gravei duas horas e convidei-o para ir a Salvador. Ficamos uma semana conversando. Definimos o escopo da matéria. Gravamos mais de oito horas de fita. Fechei a matéria em Brasília e até o último minuto avaliamos até onde ele poderia ir ser romper determinados limites.

Numa entrevista dessa natureza , existe a possibilidade de a fonte ler o texto?

As respostas, sim. Uma das condições dele para dar a entrevista é que conversássemos ao longo desse processo e que ele, pelo menos, pudesse dar uma olhada nas suas respostas ao final. Eu, normalmente, não gosto disso. Não faço e sou contra, até porque vira uma novela, o entrevistado sempre vai achar que falou demais ou de menos, mas nesse caso, por exemplo, avalie que desde o início eu já estava no lucro, e que qualquer coisa valeria a pena desde que ele não desistisse. E mais: apostei que ao final conseguiria convencê-lo a "liberar" algumas das informações que ele queria manter reservadas. Em grande parte a minha aposta se revelou correta. Já sobre as quatro páginas de abertura da matéria, aí não havia compromisso algum. Ali é algo extremamente autoral, aí você mostra se quiser, ou se fizer parte da sua estratégia para ir ainda mais adiante. No caso do chefe do FBI, ele leu o texto da entrevista e admitiu colocar coisas que ele tinha gravado, ou só conversado, mas não queria falar.

Em termos de método de apuração, o que diferencia o seu trabalho de um promotor público ou de um detetive?

O ponto de convergência é o método dedutivo. Olhar o todo, avaliar as partes e chegar a uma conclusão. Refiro-me à coleta das informações, à capacidade de alinhar fatos para montar um quadro. No mais, quase tudo muito diferente.

Você costuma se inspirar na psicanálise ou em romances policiais?

Nada substitui a observação das pessoas. Conversar, detectar o que elas pensam, o que elas fazem. Até há uns dez anos não gostava de romances policias. Acreditava ser uma literatura menor. Mudei de idéia. O romance policial é a minha leitura para quando quero relaxar, apagar. Quando estou sem fazer nada. É instrutivo, ajuda na montagem de perfis psicológicos e reconstrução de cenas, mas claro que só serve se você já se montou em outros alicerces antes. Esse tipo de exercício pode ser eficaz, mas não é uma pedra filosofal, não mistifiquemos. Dito tudo isso, é óbvio que um bom romance policial, assim como a psicanálise, enriquece a capacidade dedutiva, que é um patamar a mais na construção de uma reportagem.

Como você se resguarda contra manipulação de informações ou processos judiciais?

Primeiro, eu gravo tudo, claro que consensualmente. No caso do chefe do FBI no Brasil, cheguei a filmar oito minutos com a entrevista, que ficou no *site* da revista. Em segundo lugar, procuro me municiar de fotografias que retratem a veracidade do que diz o entrevistado e, claro, ouço pessoas que possam comprovar informações. Ainda: normalmente recorro a advogados para que eles me apontem porções vulneráveis do trabalho.

Um pauteiro jurídico?

Exatamente. Eles me apontam as brechas legais. Além disso, os advogados me orientam. Dizem: "Aqui você pode obter um documento, aqui pode fazer uma gravação..." No passado, quando chefiava a revista

IstoÉ, em Brasília, consultava advogados amigos informalmente. Agora, é uma prática absolutamente profissional.

Como você conquista suas fontes?

Normalmente não tenho fontes no sentido tradicional. Conheço pessoas fundamentais em cada área, consulto-as quando necessário, mas há um certo mito nisso que se costuma chamar de "fontismo". Cada caso é um caso. Fontes podem surgir a cada caso, a cada reportagem. É avaliar quem, em determinado cenário ou caso, pode se tornar fonte. O que eu faço é não esquecer o fio das notícias. Antes de surgir a fonte, muitas vezes, surge o assunto.

Há alguma diferença de apuração entre casos que envolvam empresas e casos que envolvam política?

Tem uma coisa mafiosa nas empresas que me incomoda muito e que está passando dos limites. É a inclinação para mediar informações por meio de assessorias entre o dono do negócio e o jornalista. É uma prática nefasta.

Por quê?

O assessor não é fonte. Pode até ser aqui e ali, pode te dar grandes informações até, mas não é, não deveria ser esse o seu papel. Ele deve ser uma ponte para aproximar o jornalista do empresário, e vice-versa. Eu não quero falar apenas com assessor de imprensa; se for esse o caso, normalmente nem falo. Só falo se ele assumir oficialmente o que está dizendo com nome etc... Caso contrário, não quero falar com quem tem a conta do empresário. A imprensa aceita esse excesso de mediação por muitas razões: vulnerabilidade econômica, mediocridade das redações, medo de perder as fontes. Essa intermediação é nefasta para o jornalismo.

Essa prática é nefasta também para a empresa?

A empresa está fazendo o jogo que lhe convém. O reportariado aceita os pacotes das máquinas de informação, dada a pouca voracidade na busca da informação. Mas no médio prazo a crise acaba arrebentando. Uma hora explode e explode de uma vez só. Vou citar um exemplo: o Opportunity. Daniel Dantas vivia se escondendo atrás dessas engrenagens de informação. Ele me procurou e eu disse numa longa conversa: "Quero conversar com você, quando for o caso, não com seus assessores". Inútil. Ele não fez contato direto. Não respondia aos chamados. Talvez brifado por assessoria do gênero. Eu diria, ao final, que ele mesmo deve ter concluído que essa não é uma alternativa eficaz.

Qual o papel do assessor?

Aproximar o dono da empresa do jornalista e vice-versa. Deixar que eles conversem. Deve informar quem é serio e quem não é sério, quem é picareta e quem não é picareta. E traçar estratégicas de comunicação. Mas nunca criar barreiras.

Como você reage quando surgem as barreiras da mediação?

A minha fome aumenta. Desconfio. Se o empresário não tem capacidade de conversar com o jornalista, começo a acreditar que existe alguma coisa errada.

Quando deve acontecer um desmentido?

Se a notícia é mentirosa ou equivocada, cabe o desmentido. Caso contrário, é um exercício inútil. Muitas coisas podem ser facilmente resolvidas com o diálogo. Digamos que o jornalista errou. Se o erro não é grave, a conversa é mais eficaz até porque o jornalista se sentirá devedor. Agora, quando existe a certeza de que houve má-fé e a empresa sofre prejuízo real, deve-se agir de forma rigorosa. Contudo, uma coisa é certa: para esse tipo de coisa não existe uma regra imutável.